LE MORAL DES MÉNAGES

Du même auteur

Aux éditions Art et Comédie :

La Mémoire d'un autre, 2010

Aux éditions L'Avant-Scène Théâtre :

Les Exclusés ou le cabaret de la p'tite misère, collectif, 1998
La Théorie du moineau, 2001
La Comédie des travers, 2002
Danger... public, 2003

Aux éditions de la Traverse :

Sketches en kit, 2008
Diète Party suivi de *Les Soeurs Pots-de-Fleurs*, 2009
Tiens c'est bizarre (Sketches en kit n° 2) suivi de *L'Affaire Machin-Chose*, 2016
Seuil de tolérance suivi de *Le Tiroir de Woody Allen*, 2024

Aux éditions Gallimard :

Le Plus Beau Cadeau du monde, 2024 (jeunesse)

Aux éditions L'Harmattan :

Le Monstre de Morfesse, 2006 (jeunesse)

Le Moral des ménages

Frédéric Sabrou

æ

Éditions Art et Comédie
3, rue de Marivaux
75002 Paris

Note d'intention

Quand j'ai commencé ce métier, il y a plus de quarante ans, on travaillait en cours de théâtre des sketches de Tardieu ou Dubillard, puis le mot *sketch* a connu une dévaluation bien regrettable ; il est devenu synonyme de facilité, de premier degré, de médiocrité. La faute peut-être à certaines émissions de télé (pour lesquelles, je le confesse, j'ai beaucoup écrit). Pour se démarquer de ce qui est devenu un épouvantail intellectuel, on relève le front et on utilise le mot *saynète*. Je n'écris pas des saynètes, j'écris des sketches (avec « es » à la fin pour éviter une suite de consonnes illisibles). J'ai le plus grand respect et la plus grande affection pour cette forme courte de théâtre que j'ai eu le loisir de faire pratiquer lors de mes ateliers d'écriture en université pendant plusieurs années. Le sketch permet d'expérimenter, de développer des idées ou des situations qui ne tiendraient pas sur le temps d'une pièce. On peut aller très loin dans l'écriture, les dialogues ou la folie d'un sketch ; très loin dans ce qu'il dénonce aussi. C'est encore une fois ce que j'ai essayé de faire dans *Le Moral des ménages*.

SOMMAIRE

DATING COACH

PAUL, CAMILLE, LE COACH, LA COACH

Dans un café, Camille est assise devant un thé. Paul arrive avec une bière. Ils se retrouvent pour un rendez-vous qu'ils ont organisé sur un site de rencontres.

PAUL. – Camille ?

CAMILLE. – Oui. Paul ?

PAUL, *souriant.* – C'est ça. Bonjour.

Il s'assied. Tous deux se regardent un instant, un peu gênés. Un élégant technocrate arrive derrière Paul.

LE COACH. – Bonjour.

PAUL. – Je suis venu avec mon *dating coach*, ça ne te gêne pas ?

CAMILLE. – Non…

Camille propose au coach de s'asseoir.

LE COACH, *refusant poliment.* – J'ai déjà briefé Paul. Je ne dois surtout pas interférer. C'est un moment intime, qui peut-être comptera pour vous. Vous vous souviendrez des premiers regards troublés, des premiers émois. Faites comme si je n'étais pas là.

11

PAUL, *à Camille*. – Ça va ? Tu as… trouvé facilement ?

CAMILLE. – Oui. C'est moi qui t'ai donné l'adresse.

PAUL. – Ah. Oui. C'est drôle.

CAMILLE. – C'est drôle.

Paul regarde son coach, qui lui fait signe d'enchaîner.

PAUL, *regardant autour de lui*. – C'est sympa ici… *(S'empêtrant un peu.)* J'aime bien ce genre d'endroit pas trop… pas trop… Mais quand même… Non, c'est sympa.

CAMILLE. – Hm…

Le coach fait des petits bruits avec la bouche ; c'est mal engagé.

PAUL. – Tu… Tu es comme les photos sur le site.

CAMILLE. – Moche ?

LE COACH, *discrètement, à Paul*. – Houlà ! Pardon. Attention, humour. « Non, tu es très jolie », tu oublies ! Réponds dans l'humour !

PAUL. – Oui. J'ai rarement vu aussi moche.

CAMILLE, *en riant*. – Merci.

LE COACH. – Bien.

Camille a enroulé ses cheveux avec son doigt.

LE COACH. – Comportement de séduction non verbal. *(S'expliquant.)* Les cheveux… Elle a touché ses cheveux.

Camille lâche ses cheveux.

PAUL. – Euh… on a de la chance avec le temps, aujourd'hui.

LE COACH, *la tête dans les mains*. – Poh wow wow wow !

Camille. – Oui.

Le coach, *à Paul.* – Récupère, vite !

Paul. – J'ai l'impression de parler avec ma poissonnière sur le marché. *(Le coach se plaque la main sur les yeux.)* Je veux dire, quand on ne sait pas quoi dire, on… on… Ce n'est pas que je ne sais pas quoi dire…

Camille. – Mais tu ne sais pas quoi dire.

Le coach, *à Paul.* – Ne panique pas, respire… Attitude numéro 3.

Paul prend une attitude amusée parfaitement artificielle.

Paul. – Hm, hm !

Camille. – Moi c'est pareil. Dans ce genre de situation, je suis un peu…

Elle enroule ses cheveux, mais les relâche immédiatement.

Paul. – Ah… euh… et… ah bon… Ça t'arrive souvent ? Je veux dire, ce genre de… de… comme ça… situation ?

Cette fois, c'est Camille qui est déstabilisée. La coach de Camille surgit très opportunément. Camille l'attendait.

La coach, *à Camille.* – Tu n'as pas à répondre à cette question.

Camille, *soulagée.* – C'est ma coach.

La coach. – Excusez-moi, je suis un peu en retard.

Paul. – Euh… bonjour. *(Se présentant.)* Paul…

La coach, *pincée.* – Je sais.

Paul, *montrant son coach.* – Mon… Mon coach.

La coach, *regardant l'autre froidement.* – Ah…

Le coach, *froidement aussi.* – Très heureux.

LA COACH, *l'ignorant.* – Je n'ai rien loupé ?

CAMILLE. – Non, il me disait qu'il ne savait pas quoi dire.

PAUL, *attitude numéro 3.* – Hm-hm.

LA COACH, *à Camille.* – Tu n'as pas trop parlé ?

CAMILLE. – Non, comme on avait dit au training. Pour le déstabiliser.

LA COACH, *petit sourire en direction du coach.* – Ça permet de voir s'ils ne vont pas sortir des banalités.

LE COACH, *à Paul.* – Neutre. Masque.

CAMILLE, *à sa coach.* – Je fais quoi ?

LA COACH, *à Camille.* – Tu prends l'initiative, tu es une femme de caractère.

CAMILLE. – Ah oui.

LE COACH, *à Paul.* – Ne t'inquiète pas, ça va aller. Keep focus.

LA COACH, *à Camille.* – Charme, évanescence, inaccessibilité.

LE COACH, *à Paul.* – Tu es un mâle alpha, avec juste ce qu'il faut de recul narquois sur le monde qui t'entoure.

LA COACH, *à Camille.* – Tu n'es pas en demande, tu es un trophée qu'il doit gagner.

LE COACH, *à Paul.* – Garde le *smile* quoi qu'il arrive. Laisse s'exprimer le Brad Pitt qui est en toi.

LA COACH, *à Camille.* – Et n'oublie pas : du mystère ! Beaucoup de mystère. Ne montre jamais tes cartes.

LE COACH, *à Paul.* – Tranquille, rassurant. Ne cherche pas à prouver. Sois.

Camille et Paul reprennent leur conversation, sans aucun naturel.

CAMILLE, *un peu suffisante*. – Alors oui, Paul, mon cher Paul, donc voilà, comme ça, je me demandais, oui, tout à fait, et la question que je me posais c'est… qu'est-ce que tu as vu au cinéma dernièrement?

LE COACH. – Fssss! Question culture, c'est un piège! Fais très attention à ce que tu réponds. Oublie les super-héros, les films d'action…

PAUL, *déçu*. – Ah bon?

LE COACH. – Le gore, les comédies régressives…

PAUL. – Ah bon… Dernièrement… Alors dernièrement, quoi… J'ai vu le Peter Woodcake.

Camille et Paul se lâchent en oubliant leurs coachs.

CAMILLE, *enthousiaste*. – *Road trip to Crazyland*, génial!

PAUL, *en même temps*. – C'était dément! Les images, tout ça!

CAMILLE, *en même temps*. – Mais trop! Quand ils sont dans cette espèce de forêt complètement dingue…

PAUL, *en même temps*. – Comment j'ai trop kiffé! Et la fin, putain!

CAMILLE, *en même temps*. – J'adore!

LA COACH, *réfrénant Camille*. – Doucement, doucement.

LE COACH, *calmant Paul*. – Woh woh!

CAMILLE, *à nouveau détachée*. – J'ai beaucoup aimé.

LE COACH, *calmant Paul*. – Fais preuve de sens critique.

PAUL, *snob*. – Oui, il y a ce côté visionnaire, je veux dire complètement halluciné…

CAMILLE, *suffisante*. – Oui, oui, AlloCiné, tout à fait.

PAUL. – … qui n'est pas sans évoquer la noircitude de la cinégraphie hongroise des années 82, *somewhere* quelque part.

CAMILLE, *suffisante.* – Absolument, tout à fait.

PAUL. – Et il y a un message, en même temps, sur l'universel de l'exégèse intemporelle quantifiable de… euh… l'humain.

LA COACH, *à Camille.* – Il gagne du terrain, le laisse pas faire ! Impose-toi !

Camille se lève sans trop savoir pourquoi.

PAUL. – Qu'est-ce qu'il y a ?

CAMILLE, *improvisant.* – Je voulais voir quelque chose.

PAUL. – Ah… Et tu l'as vu ?

CAMILLE. – Je ne peux pas te le dire, je suis mystérieuse.

LE COACH, *à Paul.* – Ne la laisse pas dominer.

Paul se met debout sur la chaise.

PAUL. – Alors, tu travailles dans une boutique de chaussures ?

LA COACH, *à Camille.* – Ne rentre pas dans son jeu !

CAMILLE. – Bien essayé. Mais contrairement à ce que tu penses, je travaille dans une boutique de chaussures.

PAUL. – C'est possible mais, moi, j'ai fait du canoë sur la Drôme.

LA COACH, *à Camille.* – Déplace-toi, mets-toi en valeur.

Camille se déplace comme dans un défilé de mode, de façon peu convaincante.

LE COACH, *à Paul.* – Montre que tu sais chanter !

PAUL, *ténor du dimanche.* – « J'ai fait du canoë sur la Drôme, j'ai fait du canoë sur la Drôme ! »

CAMILLE. – Moi, une fois, j'ai discuté avec un astrophysicien qui avait une jambe dans le plâtre.

LA COACH, *à Camille.* – Danse !

Camille essaie de danser, mais elle est un peu empruntée.

PAUL. – Et moi, j'ai vu une vieille dame se faire renverser par une trottinette. Elle est morte sur le coup.

LA COACH, *soufflant à Camille, sur un ton méprisant.* – Ha ! ha ! ha ! ha !

CAMILLE, *répétant.* – Ha ! ha ! ha ! ha !

LA COACH, *à Camille.* – Laisse-moi rire.

CAMILLE, *répétant.* – Laisse-moi rire.

PAUL. – Mais pourquoi ? C'est pas drôle…

LA COACH, *à Camille.* – Tu ne peux pas comprendre.

CAMILLE, *répétant.* – Tu ne peux pas comprendre.

PAUL, *se plaint à son coach.* – Mais euh ! Elle lui souffle tout, là !

Le coach fait un signe en « T » : temps mort. Les coachs se consultent.

LE COACH, *à la coach.* – Je suis désolé, mais on ne peut pas faire ça !

LA COACH. – Oui, je sais, mais elle n'est pas proactive.

LE COACH. – Le mien n'est pas non plus force de proposition.

LA COACH. – Effectivement.

LE COACH. – Mais on est là pour stimuler leurs propres ressources.

LA COACH. – Oui, je connais mon métier.

LE COACH. – Bien sûr, bien sûr. Mais respectons la déontologie, justement.

LA COACH. – Oui, oui. D'accord…

Le coach rejoint son champion pour le briefer tout en lui massant les épaules.

La coach repoudre le nez de Camille.

LE COACH, *à Paul.* – Bon, ça ne se passe pas mal.

LA COACH, *à Camille.* – C'est bien, il faut continuer le *process*. Dans cinq minutes, il te mange dans la main.

CAMILLE. – C'est le *mystère*, j'arrive pas bien.

LE COACH, *à Paul.* – Tu vas pouvoir passer à la phase 2 et là tu nous mets une belle couche de sincérité. Confidences, émotion, tu vois.

PAUL, *trouvant ça difficile.* – C'est… pfiou !

LE COACH, *à Paul.* – Ça marche, tu vas voir. Tu peux le faire, il y a de la profondeur en toi.

PAUL, *se motivant.* – Oui, oui.

LA COACH, *à Camille.* – Attaque, lâche rien ! Provocation, dédain, ça les rend fous ! La fierté du mâle en rut. Fatigue-le et, quand il ne s'y attend pas, bam ! Comment tu vas lui péter sa race ! Allez, en piste !

LE COACH, *à Paul.* – Go !

Camille et Paul se tiennent face à face. Les coachs les regardent avec attention.

CAMILLE, *méprisante.* – Tu fais partie de ces mecs qui ont des yeux ?

PAUL. – Oui.

CAMILLE. – Pourquoi pas, j'ai envie de dire.

PAUL. – Tu sais, je n'ai pas eu une vie facile. J'ai été harcelé scolairement à l'école. On m'enlevait tout le temps ma cagoule.

CAMILLE, *lasse.* – Ah ! formidable.

PAUL. – Il y avait un garçon qui me traitait d'enculé de ma mère, mais je ne comprenais pas, moi, parce que ma mère ne pouvait pas me… enfin… avec sa morphologie. *(Camille fait semblant de bâiller.)* Et une fois, à cause de la poudre à gratter, j'ai fait une allergie…

CAMILLE, *regardant sa montre*. – Ce n'est pas que ta conversation soit chiante, mais en fait si, elle est chiante.

LA COACH, *triomphante*. – Bam!

Camille et sa coach se font un check. Le coach fonce à la rescousse de son poulain.

LE COACH, *à Paul*. – Arrête le mode loser! T'es fou!

PAUL. – Ah oui, merde, je suis un mâle alpha.

LE COACH, *à Paul*. – C'est tout ce que tu as en magasin?

PAUL. – Je sais, mais j'ai pas trouvé de…

LE COACH. – Reste pas dans l'anecdote! L'émotion, c'est une façon de créer un lien invisible pour mieux l'attirer vers toi. Vous avez une chose en commun, c'est le célibat. Tu peux jouer là-dessus.

PAUL. – Mais, concrètement, je fais comment?

LE COACH. – Concrètement? Bon, regarde, je te montre. *(Le coach se met en face de Camille, très séducteur.)* Camille… Je ne sais pas pourquoi, mais… je suis très troublé… par ta présence. *(À Paul.)* Tu vois, comme ça. Proche d'elle…

LA COACH. – Je suis désolée, mais ce n'est pas très déontologique.

LE COACH, *à Camille*. – Tu sais, je ne vais pas souvent vers les autres, je suis un peu comme un animal blessé qui se terre dans sa tanière par peur de souffrir…

PAUL. – Ah ouais, d'accord.

LE COACH, *à Camille.* – On m'a fait tellement de mal…

CAMILLE, *touchée, dans un murmure.* – Ah bon?

LE COACH, *à Camille.* – J'ai du mal à en parler, mais… j'ai fini par m'enfermer sur moi-même.

CAMILLE, *pensive.* – Oui…

LE COACH, *à Camille.* – Tu connais ça… Je l'ai senti quand je t'ai vue. Nous sommes pareils, toi et moi : des gens sensibles, qui ne trouvent pas leur place dans cette société de l'apparence où il faut toujours performer, lutter… Mais lutter pour quoi, pour qui?

PAUL, *à la coach.* – Pff ! Il est bon.

LE COACH, *à Camille.* – Je ne peux plus continuer à être spectateur d'une vie qui se joue sans moi, où je me sens inutile. Ça n'a pas de sens. Je veux partager quelque chose, quelque chose de beau, de fort, avec quelqu'un… *(Il surjoue un peu les larmes.)* Je suis tellement seul… Tellement seul…

CAMILLE, *émue.* – Non, il ne faut pas dire ça. Il y a toujours de l'espoir…

PAUL. – Ah oui, ça marche.

Effectivement, même la coach essuie une larme.

LE COACH. – Tu crois? Alors peut-être que… qu'on pourrait vivre cet espoir… ensemble?

CAMILLE, *hypnotisée.* – Oui.

LE COACH, *caressant le visage de Camille.* – Tu es tellement sincère, Camille, tellement naturelle, sans hypocrisie, sans calcul, tu es comme l'eau cristalline dansant au-dessus de coraux précieux qui scintillent de mille promesses.

CAMILLE, *en rougissant*. – Oh !

PAUL. – Prt ! La poésie. Top.

LE COACH. – C'est trop rapide de dire que… je t'aime ?

CAMILLE. – Non… Moi aussi, je t'aime aussi.

PAUL. – Ouah ! Il est très fort.

Le coach s'en va en enlaçant tendrement Camille et en l'embrassant dans le cou. Paul reste avec la coach.

LA COACH, *édifiée*. – Ah oui, très fort.

PAUL. – Ils font quoi ? Ils vont revenir ?

LA COACH, *secouant la tête*. – Tu t'en remettras.

PAUL, *comprenant*. – Mais non ! Je l'aimais bien, moi !

LA COACH. – Allez, faut pas rester sur un échec.

La coach lui met la main sur la fesse et l'entraîne avec elle. Paul se laisse faire, complètement déprimé.

NOIR

C'EST BEAU, UNE FAMILLE

HUBERT, GENEVIÈVE

HUBERT. – Chérie ? Je pensais à une chose…

GENEVIÈVE. – Oui, chéri ?

HUBERT. – On pourrait aller dans notre maison de campagne, ce week-end.

GENEVIÈVE. – Ah oui, dans notre maison de campagne… C'est une bonne idée. Et puis, on pourrait faire venir les enfants.

HUBERT, *hochant la tête.* – Oui, oui, oui, oui…

GENEVIÈVE. – Ce serait sympa, non, un week-end en famille ? Ça ferait de l'animation, ça changerait.

HUBERT. – Oui. *(Il réfléchit.)* Mais… Comment dire ? Nous avons des enfants ?

GENEVIÈVE. – Bien sûr, chéri, que nous avons des enfants. Tu ne te souviens pas que nous avons des enfants ?

HUBERT. – Si, si. Évidemment ! *(Un temps.)* Combien ?

Geneviève, *cherchant.* – Mais… Mais… Plusieurs… Des grands. Très… Très réussis physiquement. Très enviables pour le voisinage. Avec de belles réussites.

Hubert. – Je suis désolé de te dire ça, chérie, mais je ne vois pas… *(Réfléchissant.)* Des enfants ? Grands ? Avec de belles réussites ?

Geneviève. – Mais oui… Enfin… Je… Oui.

Hubert. – Note… C'est très possible que nous ayons des enfants comme ça… Nous étions en mesure de fournir une éducation de qualité, attentionnée, avec ce qu'il faut de tendresse… Nous avons lu Françoise Dolto.

Geneviève. – Et puis moi, la fibre maternelle, j'ai ça dans le sang !

Hubert. – Évidemment ! L'accouchement ! Quel moment incroyable ! Ces… Ces… Ces… Ces contractions qui font très très mal ! *(Il montre son ventre.)* Et cette libération, tellement… magnifique ! Le premier contact avec le nourrisson, sur la poitrine…

Geneviève. – Mais, chéri, ce n'est pas toi qui as accouché !

Hubert, *ne sachant plus très bien.* – Ah oui… Oui, oui. Bien sûr. Parfaitement.

Geneviève. – Parce que moi, je peux te dire que… je peux te le dire. *(Doutant.)* Oui… Enfin…

Hubert. – En tout cas, on peut être fiers, arrivés à un certain niveau d'âge, en regardant toute la beauté de sa famille… Parce que c'est beau, une famille.

Geneviève. – Oui, c'est beau, une famille. *(Rêveuse.)* Son cortège de moments. *(Cherchant.)* Tous ces… ces souvenirs de vie… qui se bousculent dans la mémoire affective. Quel bonheur !

Hubert. – Oui. Quel bonheur. Sûrement.

GENEVIÈVE. – Les Noëls, les grandes vacances, tout ça, la rentrée des classes, les maladies…

HUBERT. – Je revois encore la petite… Marmeline, quand elle mordait les poutres.

GENEVIÈVE. – Marmeline ? Mais non, chéri ! Marmeline, c'est ta sœur !

HUBERT. – Ah bon ? J'ai une sœur ?

GENEVIÈVE. – Oui, normalement.

HUBERT. – Une sœur ?… Tu es sûre que ce n'est pas toi qui as plutôt une sœur ?

GENEVIÈVE. – Ah si… Peut-être. Une sœur, oui. C'est bien une sœur. La complicité, les shoppings, les petites prises de bec… inévitables.

HUBERT, *attendri.* – Eh oui, chérie. C'est ça aussi, la famille.

GENEVIÈVE. – On pourrait l'inviter, pendant qu'on y est, dans notre maison de campagne.

HUBERT. – Mais elle n'est pas devenue grecque ?

GENEVIÈVE. – Ah oui… C'est possible. Maintenant que tu le dis… C'est dommage.

HUBERT. – Oui, c'est dommage. La Belgique, c'est plus pratique.

GENEVIÈVE. – Tu dis ça parce que tes parents sont de Namur, alors forcément…

HUBERT, *cherchant.* – Mes parents ? J'ai des parents ?

GENEVIÈVE. – Mais oui, chéri, comme tout le monde. Je suppose.

HUBERT. – Oui, tu as raison, tout le monde a des parents… C'est mieux. Et si on les invitait aussi dans notre maison de campagne, ce week-end?

GENEVIÈVE. – On ne va pas pouvoir, ils sont morts. Si je me souviens bien.

HUBERT. – Ah! ben merde! Tu m'annonces ça comme ça…

GENEVIÈVE. – Mais on peut inviter les miens.

HUBERT. – Ils sont vivants?

GENEVIÈVE. – Oh! ben ça… Je peux facilement vérifier.

HUBERT. – S'ils sont vivants, dis-leur de venir. Ce sera avec plaisir.

GENEVIÈVE. – Oui. Et s'ils meurent entre-temps, on pourra les enterrer. Ce sera l'occasion.

HUBERT. – Les funérailles, ce sont de jolis moments d'émotion qui rassemblent une famille.

GENEVIÈVE. – On revoit les oncles, les tantes, les cousins…

HUBERT. – Les cousins! Absolument! Nous avons des cousins! On pourrait les inviter aussi dans notre maison de campagne.

GENEVIÈVE. – Et leurs gamins! Pour qu'ils caracolent dans le gazon avec nos petits-enfants.

HUBERT. – Ah! mais oui! Nos petits-enfants! Oh! *(Ému.)* C'est merveilleux, des petits-enfants!

GENEVIÈVE. – Chéri, tu ne vas pas pleurer?

HUBERT, *la larme à l'œil*. – Nous avons tellement de chance d'avoir tout ça, chérie.

GENEVIÈVE. – Oh oui!

HUBERT. – Pense à ces pauvres gens qui finissent tout seuls chez eux…

GENEVIÈVE. – Ah ! les pauvres… Heureusement que nous ne sommes pas comme ça, à s'ennuyer rien que tous les deux. Heureusement !

HUBERT. – Nous, on est entourés de tous ceux qu'on aime… et qui nous aiment.

GENEVIÈVE. – C'est tellement…

HUBERT. – Oh oui, chérie ! Tellement, tellement…

Moment contemplatif, puis…

GENEVIÈVE. – Chéri, je suis en train de me demander…

HUBERT. – Oui, chérie ?

GENEVIÈVE. – Tu es sûr que nous avons une maison de campagne ?

NOIR

TUE-L'AMOUR

ANAÏS, LOUISE, ANTOINE

Musique classique, une émission littéraire commence sur un plateau de télévision. La présentatrice, Anaïs Boutanche, assise sur un canapé, reçoit deux invités, confortablement installés dans deux fauteuils. Poses et attitudes pontifiantes.

La musique du générique s'achève.

ANAÏS, *face caméra.* – Bonsoir et bienvenue sur le plateau de notre émission, *Un auteur se livre.* Aujourd'hui, je reçois Antoine Chifremont pour *L'Amour tyran* aux éditions Darcimolès, et Louise Jachère de Moluge pour *L'Enfer, c'est l'autre*, édité par Schmolbeck. Deux romanciers qui, hasard des sorties littéraires, dressent au même moment deux portraits de couples qui vivent âprement leur quotidien et qui nous interrogent sur la difficulté d'être lorsqu'on est deux. *(Les deux invités hochent la tête. Anaïs se tourne d'abord vers son invitée.)* Alors, Louise Jachère de Moluge, vos deux personnages, Ombeline et Marcel, connaissent un début de parcours prometteur, mais très vite Ombeline commence à ressentir un malaise face aux attitudes, ou habitudes, de son compagnon ; elle intériorise jour après jour tous ces petits agacements que vous comparez à « des fientes de pigeons sur le buste d'un Adonis de square de banlieue ».

LOUISE, *amusée*. – J'aime beaucoup cette image. Vous savez, au début d'une relation, l'homme se montre toujours sous une apparence soignée, valorisante. Il fait même preuve d'esprit. Mais quand il a obtenu ce qu'il veut, on le découvre sous son vrai jour. Celui qui vous offrait des roses en susurrant des poèmes parnassiens prend sa voiture et traite les autres de pédés. On tombe de haut.

ANAÏS, *à Antoine*. – Nous retrouvons cette même désillusion chez votre personnage, Paul, lorsqu'il s'installe avec Marie-Josette.

ANTOINE. – Oui, effectivement. Il faut savoir que le cerveau produit de la dopamine, de la sérotonine, de l'ocytocine, qui abusent notre méfiance envers l'autre et induisent une sorte d'enthousiasme aberrant : on apprécie ses bavasseries sur les collègues de bureau, ses gesticulations stupides… *(Il fait jouer ses mains dans les airs.)* On ne remarque pas cette horrible exposition de gencives quand elle rit avec un grognement de porcelet, *rhon, rhon*. On ne fait pas trop attention à cette façon qu'elle a de répéter tout le temps *dans l'absolu*, parce que tout est toujours *dans l'absolu*. Et puis au bout d'un moment, la chimie n'opère plus et là, tout à coup, la mystification saute aux yeux.

ANAÏS. – Donc, et à partir de là, après l'enchantement, il faut vivre avec les petits et gros défauts de l'autre…

ANTOINE, *las*. – … qui devient tellement répétitifs…

Louise prend la parole et reproduit inconsciemment les mêmes gestes qu'Antoine a faits avec les mains.

LOUISE. – Oui, et qui sont comme autant d'abus de bienveillance et de patience, quand on ne parle pas d'atteintes à la liberté individuelle, dans l'absolu.

ANTOINE, *sourire en coin*. – Je suis tout à fait d'accord. Dans l'absolu.

Louise croise les bras pour ne plus s'exprimer avec les mains.

ANAÏS, *à Louise.* – Et là, votre personnage, Marcel, se livre à un véritable florilège de tue-l'amour… *(Ouvrant le livre.)* Il fait craquer ses doigts…

LOUISE, *grimace horrifiée.* – Fssss !

Antoine passe le dos de sa main sous son nez.

ANAÏS, *le nez dans ses notes.* – Il s'essuie la morve sur le dos de sa main, il crache dans la rue, il se cure les dents avec des bouts d'allumettes qu'il laisse sur les coins de table…

LOUISE. – Et les chaussettes sales qui traînent sur le sol ; ça, c'est d'une violence !

ANAÏS. – Le tube de dentifrice qui n'est jamais rebouché…

LOUISE. – Les vieux mégots jaunâtres dans la jardinière du balcon…

ANAÏS. – Les rognures d'ongles et les capsules de bière entre les coussins du canapé… *(Louise boit du petit-lait tandis qu'Antoine fait de gros efforts pour rester stoïque.)* Il y a aussi ce slip kangourou en loque sur lequel vous jetez l'anathème. Et ses flatulences nocturnes qui, je vous cite, « sont comme autant d'évocations des égouts de New Delhi ».

LOUISE. – C'est ça.

ANAÏS. – Vous dressez une liste considérable de ce que vous appelez les ingérences du malpropre.

LOUISE. – Oui. On comprend pourquoi le mot *hygiène* est féminin.

ANAÏS, *amusée.* – Oui, c'est drôle. *(Louise rit, laissant échapper quelques « rhon, rhon ».)* Vous citez aussi le *manspreading*, évidemment.

Antoine, qui avait les jambes écartées, les croise rapidement.

LOUISE. – Et le remontage ostentatoire de testicules qui fait typiquement partie de cette culture masculine de la démonstration génitale. Dans l'absolu, aucune femme ne ferait ça.

ANAÏS. – Vous abordez naturellement la fameuse question de la lunette des toilettes qui n'est pas redescendue.

LOUISE. – Oui, quand mon personnage, Ombeline, s'assied en pleine nuit sur le rebord glacé de la céramique…

ANAÏS. – Vous en faites une description terrible.

LOUISE. – Elle s'interroge forcément sur le sens, à ce moment-là : quel est le sens ? Dans l'absolu. S'agit-il d'un acte délibéré ? Une sorte de révolte consciente ou inconsciente contre la femme, un attentat phallocratique qui s'attaque froidement à la sphère de l'intime ?

ANAÏS, *se tournant vers Antoine.* – Antoine Chifremont, vous prendriez parti sur cette problématique de l'ovale ?

ANTOINE. – Moui, non, c'est un sujet rebattu, si je puis dire…

LOUISE, *forçant un rire, pas amusée du tout.* – Hm, hm, hm…

ANTOINE. – … et qui divise toujours les milieux intellectuels. Mais je suis assez d'accord avec ce qu'en dit Mengelström dans son essai…

ANAÏS. – … *Sociologie de la cuvette,* aux Presses Universitaires de France.

ANTOINE. – À l'heure de l'égalité des sexes, la femme peut aussi faire le choix d'agir sur la lunette de façon indépendante et responsable. Aucune ne m'a jamais tenu la porte et je ne leur tiens pas la porte non plus ; c'est une façon de les respecter.

Regard provocateur en direction de Louise qui prend un air pincé.

ANAÏS. – Antoine Chifremont, dans votre livre, vous situez les tue-l'amour dans une représentation psychologique…

ANTOINE. – Oui ! Parce que, bon, qui s'intéresse aux taches de vernis à ongles sur la moquette ? Aux cheveux qui bouchent la baignoire ? C'est mesquin. Si on va par là, il y a bien d'autres tue-l'amour dont l'amour ne se relève pas, comme ce moment sur la plage où on la voit sortir de l'eau et on se dit en riant : tiens, elle a des algues dans son bikini ! Et puis non, ce ne sont pas des algues.

LOUISE. – Charmant.

ANTOINE, *vengeur, à Louise*. – J'aime beaucoup cette image.

ANAÏS. – Vous parlez plutôt d'oppression.

ANTOINE. – Oui, invisible, sournoise, castratrice.

ANAÏS. – En effet, vous écrivez page 62… *(Elle lit.)* « Paul ressentait à chaque instant toutes les limites de son incarcération conjugale ; ses mouvements, son temps, ses choix, ses aliments, tout était sous contrôle. Vinrent alors les funérailles tragiques de l'insouciance. Il était plus que voué à Marie-Josette. Lorsqu'en de brefs instants, la résilience faisait place à la mélancolie, le rappel à l'ordre ne se faisait pas attendre : "À quoi tu penses ? – Mais à toi, ma chérie, bien sûr." À quoi pouvait-il penser d'autre, Paul ? Il ne lui restait plus rien, juste cette sensation d'être dissout dans l'égoïsme de l'autre, dans l'autre, d'être disparu. »

ANTOINE. – Oui, c'est très bien écrit.

ANAÏS. – Parleriez-vous de harcèlement émotionnel, Antoine Chifremont ?

ANTOINE. – Complètement : « Où tu étais ? Qu'est-ce que tu fais ? C'était qui au téléphone ? Où tu vas ? » Bon. Au fond, tout ça, c'est l'expression d'une forme de… de… de…

ANAÏS. – … d'amour ?

ANTOINE. – Non! *(Riant.)* L'amour, non, je ne vois pas, je ne crois pas.

LOUISE, *riant.* – Hm hm hm hm, rhon rhon!

ANTOINE. – Je voulais dire de possessivité liberticide, de jalousie maladive… Quand Paul se hasarde à regarder un petit short qui passe, innocemment…

ANAÏS. – Oui, page 71…

ANTOINE. – … il le paye très cher! Jusqu'à la page 97!

ANAÏS, *à Louise.* – Louise Jachère de Moluge, votre personnage, Ombeline, semble souffrir plus particulièrement des gens qui entourent Marcel.

LOUISE. – C'est ça. En couple, dans l'absolu, on se retrouve très vite intrusé par un microcosme de parasites insupportables.

ANAÏS. – Et là, il y a les fameux copains de lycée, Francis et Robert, qui reviennent souvent.

LOUISE. – Trop souvent, et sans prévenir.

ANAÏS, *cherche dans ses notes fichées entre les pages.* – Je vous cite… Je… Ah oui, voilà. « Ils débarquaient, précédés par leurs ventres, me rotant au visage leurs effluves de frites et de bière. À eux deux, Francis et Robert avaient à peu près le coefficient intellectuel d'un bulot. »

LOUISE, *riant.* – Oui, la formulation est… assez bien trouvée.

ANTOINE. – Facile.

ANAÏS, *lisant.* – « Dès qu'il était à leur contact, Marcel devenait à ce point consternant qu'Ombeline se demandait même ce qu'elle avait bien pu lui trouver un jour. »

LOUISE, *regard vers Antoine.* – Eh oui!

ANTOINE. – La meilleure copine, ce n'est pas mal non plus. Là, ce n'est pas bon enfant, on est dans la haine et le fiel, dans le complot anti-mecs…

LOUISE, *levant les yeux au ciel.* – Le *complot*!

ANTOINE. – Je ne sais pas ce qu'elles se disent, en tout cas…

LOUISE. – Non, vous ne savez pas.

ANTOINE. – Une chose est sûre : le pire ennemi d'un homme, c'est la meilleure amie de sa femme.

LOUISE, *amusée.* – Mais vous êtes complètement paranoïaque, cher ami! Complètement!

ANAÏS. – En tout cas, pour vous, Louise Jachère de Moluge, le cauchemar ultime, c'est les beaux-parents.

LOUISE. – Ah oui, alors là, dans l'absolu!

ANTOINE, *perdant son self-control.* – Des clichés! Des clichés!

ANAÏS. – Il y a tout un chapitre sur ces deux personnages, Georgette et Maurice. Vous les décrivez comme un couple de charcutiers nationalistes du Beaujolais qui continue à appeler son fils Roudoudou, c'est ça?

ANTOINE. – Pff!

LOUISE. – C'est ça, complètement infantilisants, qui lui téléphonent dix fois par jour pour savoir où en sont ses hémorroïdes!

ANTOINE. – C'est plus simple quand sa compagne ne voit plus ses parents parce qu'ils ne sont pas à son niveau d'exigence intellectuelle.

LOUISE, *offusquée.* – Hmpf!

ANAÏS, *perdue dans le livre.* – C'est page combien?

Louise. – Vous êtes en plein délire sexiste! Vous réglez sûrement des comptes avec les femmes pour escamoter votre sentiment d'échec.

Antoine. – Parce que le sentiment de supériorité, ça rend une femme plus désirable? C'est tout le contraire! Ça fait fuir les hommes! *(À Anaïs.)* Tiens, c'est ça le summum du tue-l'amour : l'intello féministe!

Anaïs. – Et pour vous, alors, Louise Jachère de Moluge, quel est le summum du tue-l'amour?

Louise. – Le mâle vulgaire, arrogant et convaincu de sa séduction!

Antoine. – Et c'est moi qui suis en plein délire sexiste?! Je ne sais pas ce qu'ils vous ont fait, les mâles…

Louise. – Le dernier, pas grand-chose.

Antoine se contient et fait craquer ses doigts. Louise grimace. Anaïs s'adresse à présent à ses deux invités en même temps.

Anaïs. – On dit qu'il faut savoir aimer les défauts de l'autre. Vous êtes tous les deux contre cette idée?

Louise. – Ah oui! Si moi je n'en ai pas, pourquoi j'accepterais les siens?

Antoine, *glacial.* – Ha ha ha!

Louise. – Autrefois, c'était pour des raisons de convenances religieuses, bourgeoises, pour l'apparence! Mais aujourd'hui ça n'a plus de sens! Il faut en finir avec cette pression sociale qui oblige forcément à vivre à deux!

Antoine. – Surtout avec une virago.

Louise. – Nous sommes au XXIᵉ siècle, dans l'absolu; quelque chose doit changer.

Anaïs. – Pour vous, ce serait donc le siècle de l'individualisme?

LOUISE. – De l'épanouissement du moi ! Enfin !

ANTOINE. – Et du moi aussi ! Et enfin aussi !

ANAÏS. – Si je vous comprends bien, alors, nul bonheur possible en dehors de soi-même ?

LOUISE. – Oui, parce que soi-même est une valeur sûre, sur laquelle le temps n'a aucune prise.

ANTOINE, *la considérant avec ironie.* – Si, un peu quand même.

LOUISE. – Oui, la bedaine commence à se voir, des fois, c'est vrai.

Mouché, Antoine rentre son ventre.

ANAÏS. – Mais en même temps, cette apologie du célibat, quelque part, ça ne conduit pas à une certaine solitude ?

ANTOINE. – Au contraire ! Dans mon prochain livre, Paul se met sur un site de rencontres et il baise ! Mais alors !

LOUISE. – Avec des connes en petit short. Le genre sois belle et tais-toi !

ANTOINE. – Sois belle, oui, mais surtout *tais-toi*. Mais *tais-toi* !

ANAÏS. – Et vous, Louise Jachère de Moluge, avez-vous prévu une suite pour votre livre ?

LOUISE. – Oui, c'est un polar et il y a un meurtre.

ANAÏS. – Beaucoup de romanciers s'inspirent de leurs propres vies pour écrire, alors je vous pose la question ; y a-t-il une part d'autobiographie dans vos romans ?

ANTOINE, *hypocrite.* – Opf, oui, hmf, non, je ne sais pas…

LOUISE. – Sûrement pas ! Jamais je n'irais me mettre en couple avec ce… ce… ce… ce Marcel ! Ha ! ha ! Non, mais non !

ANTOINE. – Oui, non, c'est une fiction ! Moi avec Marie-Josette ! Vous imaginez l'horreur ! C'est du Stephen King !

Antoine et Louise s'agressent en faisant leur possible pour garder le sourire devant les caméras. Anaïs reste professionnelle.

LOUISE. – Lui, mais c'est l'archétype, ou l'aché-pauvre-type, de ce qu'il y a de plus répulsif chez le néo-mâle !

ANTOINE. – C'est une racornie de la libido !

LOUISE, *en même temps*. – Ce que j'ai écrit, c'est une dénonciation ! Oui, je dénonce ce connard qui ne se souvient même pas de mon anniversaire !

Antoine et Louise se lèvent et tournent autour du canapé d'Anaïs qui reste face caméra, imperturbable.

ANTOINE, *en même temps*. – Si Marie-Josette existait, il faudrait l'interner ! C'est une psychopathe ! Elle m'a mordu ! *(Remontant sa manche.)* Vous voulez voir ?

LOUISE, *en même temps*. – Il a essayé de m'empoisonner avec du curcuma !

ANTOINE, *en même temps*. – Toute ma collection de Marvel, elle l'a foutue à la poubelle !

LOUISE, *en même temps*. – Il a pissé dans mon bain ! J'en suis sûre !

ANTOINE, *en même temps*. – Elle m'a refilé ses chlamydiae !

LOUISE, *en même temps*. – J'ai fait une main courante contre lui !

ANTOINE. – Elle me casse les couilles ! Mais au marteau-pilon !

LOUISE. – Faudrait déjà en avoir !

Un temps, ils se défient du regard… Subitement, la haine fait place au désir : Louise prend Antoine par les cheveux et lui lèche le cou, il lui attrape les fesses.

ANTOINE. – Espèce de teigne !

Elle lui saute dessus et s'accroche à lui avec les jambes,

LOUISE. – Non, lâche-moi, salaud !

Puis ils tombent derrière le canapé où ils commencent à faire l'amour rageusement. Anaïs conclut son émission en ignorant les halètements enfiévrés de ses invités.

ANAÏS, *face caméra*. – Eh bien, voilà… C'est ainsi que notre émission s'achève sur ce sujet tout à fait, comment dire…

LOUISE, *off, langoureuse*. – Je te déteste ! Ne me touche pas !

ANAÏS, *face caméra*. – … complexe.

ANTOINE, *off, fou de désir*. – Je veux pas de toi ! Je veux pas de toi !

ANAÏS, *face caméra*. – Et je vous rappelle les titres de ces deux ouvrages ; *L'Enfer, c'est l'autre* de Louise Jachère de Moluge et *L'Amour tyran* d'Antoine Chifremont.

ANTOINE ET LOUISE. – Hm ! Non ! Oh… Han ! Non ! Non !

ANAÏS, *face caméra*. – Quant à moi, je conclurai avec cette citation de Ravaudier : « Si Dieu pensait que le couple était bon, il se serait mis en ménage. » Bonsoir.

NOIR

DOUBLE DAMES

SOPHIE ET SOPHIE

Sophie 1 se trouve chez elle. Elle entend tout à coup un bruit de clef et de porte qui s'ouvre. Inquiète, elle voit entrer une inconnue : c'est Sophie 2.

SOPHIE 2, *intriguée.* – Euh…

SOPHIE 1. – Mais vous… Vous entrez comme ça ? Vous avez les clefs ?

SOPHIE 2. – Qu'est-ce que vous faites là ?

SOPHIE 1. – C'est chez moi !

SOPHIE 2. – Ah non ! C'est chez moi. Vous êtes chez moi.

SOPHIE 1. – Alors là ! J'habite ici !

SOPHIE 2. – Ce n'est pas possible.

SOPHIE 1. – Pourquoi ça ?

SOPHIE 2. – Parce que je vous aurais déjà vue.

SOPHIE 1. – Une farce, c'est ça, vous êtes quelqu'un qui fait des farces. Vous êtes une comique ! Vous entrez chez les gens et vous dites que c'est chez vous.

Sophie 2. – C'est vous, vous êtes installée dans mon chez-moi ! En plus vous me prenez mes babouches !

Sophie 1. – Ha ! ha ! ha ! ha !

Sophie 2. – Quoi, ha ha ha ha ?!

Sophie 1. – C'est mes babouches ! Je les ai achetées à Marrakech. Elles sont à moi ! Je les ai marchandées.

Sophie 2. – Non, c'est moi qui les ai marchandées !

Sophie 1. – Je ne vois pas comment ! Vous n'étiez pas là !

Sophie 2. – Sept dinars !

Sophie 1. – Elles ne sont pas à vendre !

Sophie 2. – Neuf !

Sophie 1. – Dix !

Sophie 2. – Non mais arrêtez ça, on arrête ça !

Sophie 1. – Oui, ça commence à bien faire ! Sortez sur-le-champ !

Sophie 2. – Il n'y a pas de champ !

Sophie 1. – Bon, écoutez, euh…

Sophie 2. – Sophie.

Sophie 1. – Oui… *(Réalisant.)* Ah non !

Sophie 2. – Quoi ?

Sophie 1. – C'est moi Sophie !

Sophie 2. – Sophie quoi ? Comme Sophie ?

Sophie 1. – Sophie Gambinet !

Sophie 2. – Non, non, là ça non, c'est pas… Parce que c'est moi, ça, Gambinet. Faut pas non plus !

Sophie 1. – Ah non, pas ça, pas vous aussi ?! Vous pas non, pas pareil que non !

Sophie 2. – Ah non, non, non, non, non, non, non.

Sophie 1. – Vous êtes en pleine affabulation !

Sophie 2. – C'est ça, c'est ça, je ne sais plus comment je m'appelle !

Sophie 1. – Mon nom à moi, vous l'avez vu sur la porte ! J'ai compris ! Je ne suis pas… Euh ! Alors ?! Hein ! Vous me prenez pour une crédule !

Sophie 2 lui montre sa carte d'identité.

Sophie 2. – Sophie Gambinet ! 28 rue du Chat-qui-penche ! C'est marqué là ! C'est vous l'imposture, là !

Sophie 1 sort sa carte d'identité de son sac et la lui montre.

Sophie 2, *lisant.* – Sophie Gambinet ! 28 rue du Chat-qui-penche ! *(Haussant les épaules.)* Ça ne veut rien dire !

Sophie 2 tripote le visage de l'autre qui se laisse faire

Sophie 1. – Mais c'est vous qui ne voulez rien dire ! Ça veut rien dire, ça !

Sophie 1 malaxe le visage de Sophie 2 comme du chewing-gum.

Sophie 2. – Quoi quoi quoi, je ne veux rien dire, vous voulez dire quelque chose, vous ?

Sophie 1. – C'est vous ! On ne vous a pas demandé d'exister !

Sophie 2. – Vous n'avez pas de sens !

SOPHIE 1. – Vous n'êtes même pas une hypothèse! Même pas!

SOPHIE 2. – Et vous, vous n'êtes même pas un pet dans l'univers!

SOPHIE 1. – Faites très attention à ce que vous dites, ma vieille!

SOPHIE 2. – Je ne suis pas vieille! J'ai votre âge!

SOPHIE 1. – Non! Mon âge, il est à moi! *(Grands gestes.)* Tout ce qui est moi est à moi! De l'essence de moi-même à l'évanescence de mon surmoi!

SOPHIE 2. – Ah oui, alors évidemment, si on fait des phrases…

Toutes deux s'immobilisent, puis s'asseyent face à face.

SOPHIE 1. – Prénom des parents?

SOPHIE 2. – Bernadette et Jean-Yves!

SOPHIE 1. – D'accord.

SOPHIE 2. – Ville d'origine?

SOPHIE 1. – Ambillou, dans l'Indre-et-Loire, à gauche.

SOPHIE 2. – Bon.

SOPHIE 1. – Profession du métier?

SOPHIE 2. – Assistante administrative au service formulaires.

SOPHIE 1. – Vous devez vous faire chier!

SOPHIE 2. – Vous aussi! Points?

SOPHIE 1. – Poin-poin!

SOPHIE 2. – Points sur le permis?

SOPHIE 1. – Huit! J'en ai perdu quatre d'un coup, mais c'était pas de ma faute, c'est à cause d'un…

SOPHIE 2. – On s'en fout.

SOPHIE 1. – Oui, on s'en fout. Bon… Plus difficile… Très très difficile.

SOPHIE 2. – Houlà !

SOPHIE 1. – Fromage préféré ?

Sophie 2 prend un temps et sourit de façon assurée… Elle a la réponse.

SOPHIE 2. – Bleu des Causses !

SOPHIE 1. – Vous ne pouviez pas le savoir. Personne ne pouvait le savoir.

SOPHIE 2. – C'est troublant.

SOPHIE 1. – Effectivement, c'est troublant. Ou alors, vous mystifiez ! C'est ça !

SOPHIE 2. – Moi, je mystifie ?

SOPHIE 1. – Parce que ce n'est pas votre fromage préféré ! En fait, c'était le reblochon et vous dites le bleu des Causses pour entretenir l'équivoque ! Je le vois dans votre regard. Je sais lire dans les regards.

SOPHIE 2. – Vous lisez le reblochon dans les regards ?

SOPHIE 1, *la dévisageant.* – Hm, hm !

SOPHIE 2. – Vous êtes folle ou vous êtes con !

SOPHIE 1. – Vous aimeriez bien le savoir !

SOPHIE 2. – Bon, on peut continuer ?

SOPHIE 1. – Oui, oui, mais attention, hein ! *(Geste des doigts : « je vous ai à l'œil ».)* Attention…

Sophie 2. – Des cicatrices ? Des maladies spéciales ? Vous êtes mariée ?

Sophie 1. – Oui ! Depuis cinq ans. *(Rêveuse.)* Il est châtain clair, il a des yeux vairons, une belle bouche pour embrasser dessus, des épaules toutes rondes, il s'appelle Martin et je l'aime.

Sophie 2. – Martin ?! Mais c'est mon mari ! Ça va pas, non ?!

Sophie 1. – Non, c'est le mien ! Martin Gambinet !

Sophie 2. – Alors là stop, ça suffit, ça va bien, on arrête un peu le… la… la fantaisie ! On n'a pas le même mari, non plus ! Ah non ! Ah non ! Alors ça, non !

Sophie 1. – Ça ne va pas être possible !

Sophie 2. – Ça ne va pas être possible !

Sophie 1. – Je veux bien pour les babouches, mais là !

Sophie 2. – Je veux bien pour les babouches, mais là !

Sophie 1. – Il y a des limites !

Sophie 2. – Des limites !

Sophie 1. – Ne répétez pas ce que je dis, ça m'énerve !

Sophie 2. – Mais alors, c'est un bigame !

Sophie 1. – Il cachait bien son jeu.

Sophie 2, *l'attrapant par le col.* – T'as couché avec lui, hein ? C'est ça ? Dis-le ! Salope !

Sophie 1, *l'attrapant par le col.* – Et toi ? Tu fais quoi avec mon mec ? Espèce de nympho ! C'est dégueulasse !

Toutes deux abandonnent courageusement. Sophie 2 va se servir un verre.

SOPHIE 2. – Comment il a pu me faire ça ?

SOPHIE 1. – Ça va, fais comme chez toi !

SOPHIE 2. – Je ne sais pas ce qu'il te trouve ! Franchement !

SOPHIE 1. – Il m'aime ! Il me dit qu'il m'aime ! Quarante-deux fois par jour ! Avec sa voix douce comme une crème caramel !

SOPHIE 2. – Ho ! ho ! ho ! ho !

SOPHIE 1. – Quoi, ho ho ho ho ?!

SOPHIE 2. – Non mais tu t'es vue ? Il ne peut pas t'aimer ! Personne ne peut t'aimer !

SOPHIE 1. – Jalousie de base. C'est petit, pathétique, racorni. Et laid. Je ne sais même pas comment il a pu te trouver de l'intérêt, lui qui aime tellement Claude Monet !

SOPHIE 2. – Peut-être parce que j'ai une certaine culture, je m'intéresse aux choses, j'ai des avis… et je le fais rire.

SOPHIE 1. – Ah oui, il y a de quoi !

SOPHIE 2. – Toi, tu l'as harcelé, tu l'as obligé à se marier ! Avec un chantage sordide !

SOPHIE 1. – Oh non ! C'est lui qui était fou de moi. J'occupais toutes ses pensées, j'étais son fantasme absolu.

SOPHIE 2. – Ah ! ben d'accord, tu ne te prends pas pour la moitié d'un melon ! Moi, mais moi, je lui fais l'amour comme une déesse païenne !

SOPHIE 1. – On a retrouvé l'autre moitié du melon !

SOPHIE 2. – Encore hier soir…

Sophie 1. – Ah non, hier soir c'était moi.

Sophie 2. – Non, c'était moi !

Sophie 1. – Je ne veux pas en parler ! Je ne veux même pas l'imaginer !

Sophie 2. – Ça me fait vomir !

Sophie 1, *froidement*. – L'une de nous deux est de trop !

Sophie 2, *froidement*. – Ah oui ? C'est qui ?

Sophie 1. – Tu veux me tuer ? C'est ça ? Tu veux en faire un veuf ? C'est intelligent ! Tu réfléchis pas un peu, des fois ? À ce qu'il va ressentir ? Tu vas le traumatiser !

Sophie 2. – Ah oui, merde.

Sophie 1. – Et tu dis que tu l'aimes !

Sophie 2. – Oui, tu préférerais que je le quitte ? Ça t'arrangerait !

Sophie 1. – Oui, ça m'arrangerait.

Sophie 2. – Mais il va être désespéré ! Il ne s'en remettra pas ! Il va en faire une dépression… Une vraie dépression comme dans les Açores ! Je suis le sens de sa vie !

Sophie 1. – Je serai là pour l'aider.

Sophie 2 reçoit un message. Elle sort son téléphone.

Sophie 2. – C'est lui. Un texto d'amour.

Elle commence à lire le message.

Sophie 1. – Mon mec, il vous envoie des textos d'amour ?! *(Elle dérobe son téléphone et lit.)* « Sophie, désolé de te dire ça comme ça, mais ça fait trop longtemps qu'on n'a plus rien à se dire. Hier, je me suis à moitié endormi pendant qu'on faisait l'amour… » *(À l'autre.)* Ah oui, c'était toi. *(Lisant.)* « J'ai rencontré une paléontologue et je pars avec elle dans la cordillère des Andes. Adieu. » *(Lui rendant son téléphone.)* Vous n'êtes plus le sens de sa vie.

    Sophie 2 s'assied, accablée.

SOPHIE 2. – Oh non… C'est pas vrai…

SOPHIE 1, *lui tapant sur l'épaule.* – Eh oui ! C'est dur, c'est dur…

SOPHIE 2. – Avec une paléontologue.

SOPHIE 1. – Ce sont des choses qui arrivent. Bon, eh bien, je crois qu'on a fait le tour. Les barbituriques sont dans la salle de bains.

SOPHIE 2. – Qu'est-ce que vous croyez ? S'il me quitte, il vous quitte aussi.

SOPHIE 1. – Je n'ai pas reçu de texto ! *(Son téléphone fait un signal. Elle regarde le message puis s'assied à côté de l'autre Sophie.)* Avec une paléontologue. Merde !

SOPHIE 2. – Il se fout de notre gueule, là !

SOPHIE 1. – De toute façon, il était un peu chiant, non ?

SOPHIE 2. – Un peu… C'est un euphémisme.

SOPHIE 1. – Là, au moins, on est tranquilles !

SOPHIE 2. – Quand même !

SOPHIE 1. – C'est pas trop tôt !

SOPHIE 2. – On se commande des sushis ?

SOPHIE 1. – Et on se mate une série ?

SOPHIE 2. – *Yes !*

Elles se font un check. C'est alors qu'elles entendent un bruit de clef et de porte qui s'ouvre. Une femme arrive, le nez sur son téléphone (ou elle peut être off).

Sophie 3, *lit un texto, catastrophée.* – Une paléontologue !

Sophie 1 et Sophie 2 se regardent, ahuries.

Noir

Les badouilles

MATHIEU, ALEXANDRE

Mathieu et Alexandre arrivent devant le local poubelle, chacun tenant un sac-poubelle à la main. Ils allument la lumière.

MATHIEU. – Bonsoir.

ALEXANDRE. – Bonsoir… *(Alexandre disparaît pour se débarrasser de son sac-poubelle dans le bac de l'immeuble, blang! Puis il revient. Mathieu y va à son tour, blang! Il revient et trouve Alexandre pensif.)* Monsieur Pommeau, je me demandais…

MATHIEU. – Oui?

ALEXANDRE, *affirmatif.* – Vous êtes en couple?

MATHIEU, *prudent.* – Oui. Je suis marié, oui.

ALEXANDRE. – Moi aussi. Et là… nous descendons les poubelles, tous les deux. Ça ne vous fait pas réfléchir?

MATHIEU. – Euh… à quoi?

ALEXANDRE. – Un homme descend la poubelle, c'est une occurrence; deux, c'est un fait de société. C'est assez symptomatique de la fin d'une ère.

MATHIEU. – Comment ça ?

ALEXANDRE. – Le rôle de l'homme, son statut historique…

MATHIEU. – C'est aussi la fin d'une certaine idée du patriarcat.

ALEXANDRE. – Oui, mais il ne faudrait pas que la fin du patriarcat soit le début… *(En confidence.)* du matriarcat. Parce que là, excusez-moi, mais on est au bout du bout de la chaîne de la soumission…

MATHIEU. – Peut-être, mais on a suffisamment humilié les femmes depuis des générations. Quand on voit ces réclames des années cinquante, l'épouse bien servile qui n'a même pas le droit de faire un chèque, qui attend son mari avec son petit tablier rose et le rôti dans le four en s'émerveillant devant les progrès des arts ménagers…

ALEXANDRE. – Oui, oui, mais voilà ! Mais justement ! C'est cette culpabilité qu'on se traîne et qu'on paye aujourd'hui ! Nous ! Maintenant ! Pourquoi ? Est-ce que j'y suis pour quelque chose, moi ? Et vous ?

MATHIEU. – Moi non, non. Moi, je n'ai rien fait.

ALEXANDRE. – On est mal tombés ! Là, quand même, faut avouer…

MATHIEU. – Mais je ne sais pas… Le partage des tâches, c'est bien.

ALEXANDRE. – Le partage ? Mais il est où, le partage, là ?! On se retrouve tous les deux délégués aux immondices ! À cause de ce putain d'héritage ! Ce n'est pas parce qu'on a été des humiliateurs qu'il faut se laisser humilier ! Demain, à ce train-là, c'est vous qui attendrez votre femme en tablier rose, à la maison, avec le rôti dans le four.

MATHIEU. – Ah oui ? Vous croyez ?

ALEXANDRE. – C'est grave ce qu'il se passe, là ! Quelque part, c'est l'homme qu'on met à la poubelle.

MATHIEU. – Ah oui, quand même.

ALEXANDRE. – On s'est laissés déposséder de notre virilité. Pire que ça, on nous féminise!

MATHIEU. – Parce que descendre les poubelles, c'est féminin?

ALEXANDRE. – Non! C'est en général! Partout! Dans les médias! Il ne faut surtout pas ressembler à un mâle; alors on nous attribue ce rôle d'homme fragile, délicat, sensible…

MATHIEU. – Ah oui! C'est vrai, ça!

ALEXANDRE. – … capable de pleurer. Ça, c'est bien vu. On a des points.

MATHIEU. – Changer les couches aussi.

ALEXANDRE. – Faire du tricot, c'est 50 points d'un coup!

MATHIEU. – Et manger des légumes!

ALEXANDRE. – L'homme moderne, c'est quoi? C'est une femme.

MATHIEU. – Oui, mais bon, on a tous une part féminine en nous. Aujourd'hui, le genre, vous savez…

ALEXANDRE. – Oui, oui, je sais. Qu'il y ait tous les genres de genres, d'accord; mais où sont passés les hommes? Bordel! Je vous le demande! Ils sont où? Les poilus? Les couillus? Qui sentent sous les bras? Les barytons? Qui en imposent? Ça ne se fait plus, ça! Terminé! En voie d'extinction, comme les rhinocéros!

MATHIEU. – Vous exagérez…

ALEXANDRE. – Même les hommes politiques, on nous propose quoi?! Du fluet, du flasque! Du petit cravaté, du syndic d'immeuble! N'importe qui se permet de leur parler dans la rue, il n'y a plus de respect! Il n'y a plus rien! Ça fait pitié! De Gaulle, reviens!

MATHIEU. – Oui, non, là, quand même, de Gaulle…

ALEXANDRE. – Vous vous sentez encore un homme, vous?

MATHIEU. – Moi? Oui.

ALEXANDRE. – Désolé, mais avec votre poubelle, là, je ne vois pas un homme, je vois une badouille.

MATHIEU. – Une badouille?

ALEXANDRE. – C'est ce qu'on est devenus : des badouilles!

MATHIEU. – C'est quoi, ça, une badouille?

ALEXANDRE. – C'était le mot, avant, pour dire des hommes faibles, soumis à leurs femmes. Des mauviettes, si vous préférez!

MATHIEU. – Je ne sais pas si je préfère.

ALEXANDRE. – Les MeToo, elles ont réussi à nous foutre la honte avec cet épouvantail du macho dragueur, harceleur…

MATHIEU. – Ah oui, oui. Mais ça, c'était pas glorieux, excusez-moi.

ALEXANDRE. – Évidemment! Mais la disparition du phallocrate de base a entraîné la disparition de l'homme, le vrai.

MATHIEU. – Mais non. Mais en plus, des vrais hommes, il y en a encore dans les films.

ALEXANDRE, *soupir*. – Ah oui, dans les films…

MATHIEU. – Les films d'action. J'en ai vu un quand Laetitia était chez sa mère avec les enfants. C'était avec Dwayne Johnson.

ALEXANDRE. – C'est de la fiction! De la poudre aux yeux hollywoodienne. Avec la *woke culture*, là-bas, votre Dwayne Johnson, il rentre chez lui, il a intérêt à filer droit avec sa bourgeoise, là, sinon c'est un divorce à 20 millions de dollars !

MATHIEU. – Oui, c'est possible, ça.

ALEXANDRE. – Les vrais héros de référence, il n'y en a plus !

MATHIEU. – Si ! Dans le football !

ALEXANDRE. – Non. Il faut arrêter de dire que les sportifs sont des héros ! On ne risque pas sa vie sur un penalty ! Je vous parle de Vercingétorix, moi !

MATHIEU. – Ah oui, Vercingétorix.

ALEXANDRE. – Un chef de guerre qui a tenu tête aux 50 000 légionnaires de Jules César ! Il était burné, le mec ! Je peux vous dire qu'il ne descendait pas les poubelles, lui !

MATHIEU. – Ah non. C'était pas le genre.

ALEXANDRE. – Mais aujourd'hui, il ne pourrait rien faire sans demander l'avis de sa bonne femme !

MATHIEU. – Oui, oui. Et en face, Jules César, pareil. Il demanderait à Mme César.

ALEXANDRE. – Et c'est les femmes qui décideraient de l'avenir du monde en buvant un thé ! Plus de batailles, pas de sang, pas de morts !

MATHIEU. – C'est sûr que les femmes et la guerre, ça fait deux.

ALEXANDRE. – Mais où est la grandeur épique dans tout ça ? Je vais vous dire : le déclin de la masculinité, c'est une civilisation qui disparaît.

MATHIEU. – Mais peut-être une nouvelle qui arrive.

ALEXANDRE. – Ah oui, ça va être beau ! Nos enfants, ils ne diront pas : « mon père, ce héros » ! Ils diront : « mon père, cette badouille » !

MATHIEU. – Ah! ben merde!

ALEXANDRE. – Mais ils vont devenir quoi, nos enfants, sans représentation de l'homme à la maison? Sans l'autorité du père?

MATHIEU. – C'est terrible ce que vous dites.

ALEXANDRE. – Qui c'est qui commande chez vous?

MATHIEU. – Tout le monde sauf moi.

ALEXANDRE. – Eh ben, voilà! Il faut réagir, là! C'est une question de survie! Il faut qu'on redevienne des hommes! Et vite!

MATHIEU. – Il y a des stages pour ça. De remasculinisation. Ça existe. Mais Laetitia, ne sera jamais d'accord.

ALEXANDRE. – On n'en a pas besoin pour réveiller la testostérone! Elle est là! Vous la sentez, la testostérone?

MATHIEU. – Un peu…

ALEXANDRE. – Le gène du fauve dominateur…

MATHIEU. – Oui, oui…

ALEXANDRE. – L'autorité, là… Elle est là… Elle demande qu'à sortir!

MATHIEU. – Ah ouais! Je la sens, l'autorité!

ALEXANDRE. – Moi aussi. Eh putain! Ça monte, ça monte!

MATHIEU. – Putain! Merde!

ALEXANDRE. – On est des mecs! Raaaah!

MATHIEU. – Ouais! Moi je suis un mec! Faut pas me faire chier!

Tous deux se la jouent combat de coqs.

ALEXANDRE. – *You're talking to me?*

MATHIEU. – Tu me cherches?

ALEXANDRE. – De quoi? T'as un problème?

MATHIEU. – C'est *mon* local poubelle!

ALEXANDRE. – Moi, des mecs comme toi, j'en fracasse trois avant le petit déjeuner!

MATHIEU. – Eh vas-y, connard! J't'explose ta gueule!

ALEXANDRE. – Enculé!

MATHIEU. – Pauv' merde!

ALEXANDRE, *soulagé.* – Ah! ça fait du bien!

MATHIEU, *épanoui.* – Ah ouaiiiis!

ALEXANDRE. – De retrouver la grandeur de l'homme!

MATHIEU. – Ouais! Pff!

> *Tous deux improvisent une sorte de régression animale, entre le grand fauve et l'orang-outang.*

ALEXANDRE ET MATHIEU. – Raaaah! Roarrr! Graaaaa! Agaraaaah! Grrrr!

> *Alexandre regarde sa montre.*

ALEXANDRE. – Hm… Pardon, mais il faut que j'aille mettre la table.

MATHIEU. – Ah oui…

ALEXANDRE. – Vous remontez?

MATHIEU. – Non, je vais à la pharmacie, pour Laetitia, lui acheter ses coupes menstruelles…

> *Ils éteignent la lumière.*

ALEXANDRE. – Bon ben… Bonne soirée.

MATHIEU. – Oui, bonne soirée. On… pourrait recommencer ?… Demain ?… Même heure ?

Alexandre acquiesce avec un sourire.

ALEXANDRE ET MATHIEU, *rugissant une dernière fois.* – Raaaah !

NOIR

LE CADEAU D'ANNIVERSAIRE

YAËL, NOÉMIE

Yaël offre un cadeau à Noémie. Le cadeau peut être joué en évocation.

YAËL. – Joyeux anniversaire!

NOÉMIE, *secouant un paquet imaginaire.* – Oh! c'est lourd… C'est quoi?

YAËL. – Ben ouvre…

NOÉMIE, *mime qu'elle ouvre son paquet.* – Chrkritch, chrkritch… *(Mime qu'elle en sort un pistolet.)* Un pistolet? C'est un vrai?

YAËL. – Oui.

NOÉMIE. – Ah! dis donc!

YAËL. – C'est pour te suicider.

NOÉMIE. – Oh! quelle bonne idée!

YAËL. – Quand je l'ai vu, j'ai tout de suite pensé à toi.

NOÉMIE. – C'est trop gentil!

YAËL. – C'est un Burlington automatique Silver Smart 8 mm. De collection.

NOÉMIE. – Eh bé!

YAËL. – Il a appartenu à un psychopathe qui a tué toute sa famille.

NOÉMIE. – C'est beau quand les objets ont une histoire.

YAËL. – Et tu as les cartouches assorties. Il te plaît?

NOÉMIE. – Oui, oui, il est très bien. Juste à ma taille! *(Vise autour.)* Bang bang!

YAËL, *visé à son tour, rit.* – Non, non! C'est pour toi!

NOÉMIE, *l'embrassant.* – Oh! merci! Quel super cadeau!

YAËL. – Je me suis dit, enfin… C'est un joli modèle pour en finir.

NOÉMIE. – Mais comment tu as deviné que j'en avais envie?

YAËL. – Oh! des petites choses que j'ai vues comme ça: la tête que tu fais en te regardant dans la glace, ton boulot sans intérêt, ce manque d'estime de toi, cette impression d'être une merde…

NOÉMIE, *touchée.* – Tu me connais bien.

YAËL. – Sinon, j'avais pensé à des lames de rasoir, mais ça ne faisait pas très… pour un cadeau…

NOÉMIE. – Oui, non…

YAËL. – Et puis ça ne marche pas à tous les coups.

NOÉMIE. – Tandis que là, j'appuie sur la gâchette et hop!

YAËL. – Tu peux t'en servir tout de suite, si tu veux.

NOÉMIE. – C'est vrai? Tu crois?

YAËL. – Ou tu le gardes pour une grande occasion; ton licenciement, je ne sais pas…

Noémie. – Non, non. J'ai trop envie de voir comment ça marche ! Alors, alors… *(Différentes poses.)* Comme ça ?… Comme ça ?

Yaël. – Comme ça, j'aime bien.

Noémie. – On se fait un selfie ?

Yaël. – Carrément ! *(Ils font un selfie.)* Bon, je ne voudrais pas te presser, mais j'ai un rendez-vous chez le kiné.

Noémie. – Ah oui. D'accord, d'accord.

Yaël, *chantant.* – « Joyeux anniversaire, joyeux anniversaire, joyeux anniversaire, Noémie, joyeux anniversaiiiiire ! »

Yaël met les doigts dans ses oreilles ; Noémie appuie.

Noémie. – Clic ! Ça marche pas. Tu es sûr qu'il est chargé ?

Yaël. – Oui ! Normalement… Fais voir… *(Essaie de tirer sur Noémie.)* Clic ! Clic ! Clic ! Pff ! C'est pas vrai !

Noémie. – Il est sous garantie ?

Yaël. – Oui, oui… J'aurais dû essayer sur moi avant. Je suis désolé !

Noémie. – Bon, ben c'est pas grave… C'est l'intention qui compte.

Noir

LE LANCEUR D'ALERTE

VINCENT

Vincent, en costume-cravate, fait son discours face au public.

VINCENT. – J'ai choisi d'être lanceur d'alerte.

Je suis lanceur d'alerte contre ma femme. Pour vous donner le déroulé de… du… *(Se retourne.)* Pardon, je n'ai pas mon PowerPoint.

Bon, au début, elle cherchait un binôme et j'ai sollicité le poste ; elle a été intéressée par mon profil Tinder, elle a répondu favorablement à ma demande de rendez-vous. Pendant l'entretien d'embauche, elle m'a directement couché sur sa *shortlist*. Là, je lui ai fait sentir ma motivation et elle a apprécié mes initiatives. C'est comme ça que j'ai obtenu un CDD à l'essai. Durant de cette étape de formation, j'ai atteint des objectifs dont elle a pu jouir en interne. Finalement, on a signé un contrat de mariage à durée non déterminée. J'y croyais, moi, à cette entreprise.

Il y avait un vrai potentiel, avec des perspectives d'avenir et, pourquoi pas, un jour, une filiation pérenne avec de jeunes start-up.

Mais au bout d'un trimestre… *(Désolé.)* Aucune valorisation de mes acquis professionnels… Rien ! Et… elle a commencé à… abuser de mes ressources humaines. J'étais déjà soumis à des obligations de résultat, bien sûr, mais je pensais avoir toujours satisfait son carnet de commandes en termes de positionnement, de flexibilité, d'innovation et d'amortissement. Et je tenais les délais. Jamais elle n'avait remis en cause mon coefficient de pénétration, mais il lui fallait toujours davantage de rendement... Elle m'a mis des heures sup, et ma logistique ne suivait plus.

C'est là que j'ai commencé à remarquer, chez elle, des signes d'absentéisme. Et puis, à la suite d'une simulation, elle a remis en question la dynamique de mon process. Il a fallu que je me prête à un audit avec sa sœur, qui a invalidé mon bilan de compétences.

Cette perte de confiance dans mon potentiel a provoqué une décroissance de mes moyens de production. Mes parts de marché ont diminué dans un partenariat que je n'arrivais plus à fidéliser.

Jusqu'au jour où un investisseur étranger lui est entré dans le capital.

Nous avons débriefé en présentiel, et je lui ai dit d'homme à femme que je n'étais pas ouvert à la concurrence ! Ni au *benchmark* ! Alors elle m'a suggéré de trouver d'autres opportunités pour mon placement de produit. Ça sentait la restructuration.

Elle a fait un turnover et j'ai fait un burn-out.

Je suis entré en conflit avec son nouveau fournisseur, qui n'a pas apprécié l'entrée en Bourse de mon genou droit.

Je n'étais plus *corporate*, alors je me suis délocalisé... Et voilà.

Il faut bien le dire, tout ça a beaucoup impacté mon cœur de métier. Sans parler de mon portefeuille. En amour, il y a des dépôts de bilan, mais il faut rester positif.

J'ai fait un *reboot*, je suis à nouveau sur le marché, prêt à performer. *Asap.*

(Il s'adresse à des personnes dans le public.)

Madame, mademoiselle… Et chère madame… Monsieur… Je tiens à votre disposition mon CV mis à jour. Et je suis ouvert à toute proposition d'emploi.

Merci pour votre attention.

NOIR

EXTRACONJUGAL

Une conseillère en communication (tailleur, chemisier, étiquette avec son nom autour du cou) est installée face au ministre, qui a un ton de ministre et une gestuelle de ministre.

La conseillère. – On va commencer, monsieur le ministre. Il nous reste peu de temps pour vous préparer avant le direct…

Le ministre, *plaisanterie qui n'amuse que lui.* – Oui, c'est un peu *au débotté…*

La conseillère. – Je ne voudrais pas vous mettre la pression, mais il ne faudrait pas se rater sur ce coup-là, vous n'êtes pas au plus haut dans les sondages de popularité.

Le ministre. – Eh bien, puisque vous en parlez, laissez-moi vous dire que les sondages…

La conseillère. – Ce n'est pas commencé, monsieur le ministre.

Le ministre. – Tout à fait.

La conseillère. – L'émission s'appelle *Le temps de la vérité.* La journaliste va souligner que vous avez toujours défendu des valeurs conservatrices, que vous êtes catholique.

Le ministre. – Absolument.

La conseillère. – Marié, avec un enfant…

Le ministre. – C'est inexact, je suis marié avec une femme.

La conseillère. – Oui. Et elle va sûrement vous demander… je ne sais pas… si vous êtes fidèle à vos convictions…

Le ministre. – Cela va sans dire.

La conseillère. – Et fidèle tout court, vous voyez.

Le ministre. – Ah.

La conseillère. – Vous répondrez quoi si elle vous demande, par exemple, très directement, où vous étiez mardi dernier à 19 heures ?

Le ministre. – Eh bien, laissez-moi d'abord vous dire une chose : il ne faut pas tenir l'exécutif pour responsable de l'augmentation du prix du sel de Guérande.

La conseillère. – Ça ne va pas marcher, cette stratégie, monsieur le ministre. On va penser que vous éludez.

Le ministre. – Ah bon ? Que j'élude ?

La conseillère. – Si on vous pose une question, il va falloir répondre à cette question.

Le ministre. – Mais je ne sais pas, je ne sais plus… Comment fait-on ?

La conseillère. – Si je vous demande, par exemple, ce que vous prenez au petit déjeuner, vous me répondez… ?

Le ministre. – Tout d'abord, si vous le permettez, la situation dans l'hôpital public…

La conseillère. – Du café. Vous buvez du café.

Le ministre. – Je vous remercie d'évoquer cette question, et d'ailleurs nous avons une commission…

La conseillère. – Qu'est-ce que vous prenez au petit déjeuner?

Le ministre, *gros effort de concentration.* – Rhmmmm… Du café.

La conseillère. – Bien!

Le ministre. – Ah! c'est difficile, difficile…

La conseillère. – Oui, ça s'appelle la sincérité.

Le ministre. – Ah! c'est donc ça!

La conseillère. – Alors si je vous demande où vous étiez mardi dernier à 19 heures, vous répondez…?

Le ministre. – Du café!

La conseillère. – Répondez la vérité, monsieur le ministre.

Le ministre. – La vérité? Vous voulez dire… la chose vraie…

La conseillère. – Voilà. Les Français attendent de vous de la sincérité, de l'authenticité et même de l'émotion. C'est très bien, ça, l'émotion.

Le ministre. – Oui, de l'émotion. Comme ça?

Il grimace et surjoue l'émotion.

La conseillère. – Euh… oui… C'est pas mal… Alors, on reprend. Je suis la journaliste du *Temps de la vérité*, Mélina Bernache-Cravant.

Le ministre. – C'est un plaisir de vous rencontrer, chère amie.

La conseillère. – C'est-à-dire que je joue Mélina Bernache-Cravant.

Le ministre. – Mais vous êtes qui?

LA CONSEILLÈRE. – Estelle. On m'a demandé d'être votre conseillère en communication.

LE MINISTRE. – Moui, je comprends, je comprends, tout à fait.

LA CONSEILLÈRE. – Et je vous demande : où étiez-vous mardi dernier à 19 heures ?

LE MINISTRE. – J'étais à Paris. Et puisque nous parlons des transports publics…

LA CONSEILLÈRE. – Avec qui ?

LE MINISTRE. – Je vous renvoie la question, Mélina Bernache-Cravant, car vous n'avez pas le monopole de la question.

LA CONSEILLÈRE. – Avec une prosti… une prostitu…

LE MINISTRE. – Ce sont des allégations sans fondement. Une manœuvre diffamatoire de l'opposition !

LA CONSEILLÈRE. – Connue sous le nom de Félicia.

LE MINISTRE. – L'opposition ?

LA CONSEILLÈRE. – Non ! La prostituée !

La conseillère prend son téléphone, puis cherche quelque chose sur son écran.

LE MINISTRE. – Si vous le permettez, revenons aux normes européennes sur le calibre du navet !

LA CONSEILLÈRE, *montrant son écran.* – Et donc, ça, c'est le petit film qui circule sur les réseaux sociaux, pris par un témoin. On voit ladite Félicia… porte-jarretelles, bas résille… et là… c'est vous… à quatre pattes… totalement nu.

LE MINISTRE, *qui a déjà vu le film.* – Rien ne prouve que c'est moi ! Cet homme a un latex sur la tête.

LA CONSEILLÈRE. – C'est pourtant votre voix qu'on entend, quand vous criez : « Oh oui, maîtresse, le martinet ! Encore le martinet ! »

LE MINISTRE. – C'est bien évidemment une blague de Thierry Le Luron.

LA CONSEILLÈRE. – Il est mort, monsieur le ministre.

LE MINISTRE, *éloge funèbre*. – C'était un amuseur, certes, mais surtout un brillant artiste qui va nous manquer et auquel je tiens à rendre un hommage solennel.

LA CONSEILLÈRE. – Personne ne croira qu'il s'agit d'une mise en scène.

LE MINISTRE. – Ah bon ? Mais pourquoi ?

LA CONSEILLÈRE. – Votre femme vous a reconnu, et elle a demandé le divorce. *(Le ministre surjoue l'émotion.)* Vous faites quoi, là ?

LE MINISTRE. – C'est mon émotion.

LA CONSEILLÈRE. – Oui, c'est… c'est très bien à ce moment-là. Mais il faut reconnaître les faits et passer par un moment de contrition médiatique.

LE MINISTRE. – Je demande pardon à ma femme, pardon à mes enfants, à cette malheureuse travailleuse du sexe à 2000 euros la séance, pardon pour tout ce que j'ai fait depuis que je fais de la politique : le favoritisme, le sexisme, le harcèlement…

LA CONSEILLÈRE. – Monsieur…

LE MINISTRE. – … le recel d'abus de confiance, les emplois fictifs, évidemment…

LA CONSEILLÈRE. – Monsieur le ministre…

LE MINISTRE, *s'emportant.* – Laissez-moi! Vous avez eu votre temps de parole!… Le trafic d'influence, le financement occulte de mon parti, la prise illégale d'intérêts, la fraude fiscale… J'en oublie!

LA CONSEILLÈRE. – Je ne vous conseille pas de…

LE MINISTRE, *tribun.* – Taisez-vous! Messieurs les censeurs! Vous ne m'empêcherez pas de parler! J'ai des choses à dire, moi, sur les dysfonctionnements de la vie politique, et de la mienne en particulier! C'est inacceptable! Il faut que ça change! Et j'en fais mon principal objectif pour le prochain quinquennat! Vive la république et vive la France! *(En rupture, à la conseillère.)* Alors j'étais comment?

LA CONSEILLÈRE, *capitulant.* – Très bien, monsieur le ministre.

LE MINISTRE. – Vous avez vu la façon dont j'ai récupéré la situation? Parce que ce n'était pas évident…

LA CONSEILLÈRE. – Ah oui, oui… Ça va être, euh… un grand moment.

LE MINISTRE. – Je vous remercie, Mélina Bernache-Cravant.

LA CONSEILLÈRE, *regardant sa montre.* – Bon, il faut y aller, là, monsieur le ministre.

LE MINISTRE. – Certainement.

Il sort du mauvais côté.

LA CONSEILLÈRE. – Par ici, monsieur le ministre… Par là, c'est la sortie.

LE MINISTRE. – Ah oui. Tout à fait.

LA CONSEILLÈRE. – Et… euh… bonne chance.

Elle le regarde s'en aller, dépitée.

NOIR

PRÉVENTION DIVORCE

LA (OU LE) MAIRE, LUCAS, AUDREY

La maire arbore son écharpe officielle et un grand sourire bienveillant. Elle est installée face au public, derrière une table recouverte d'un velours bleu. Le couple de mariés, ému, entre par le fond de la salle sur une musique de circonstance. Il remonte la travée en jetant des regards amicaux à certaines personnes de l'assemblée. Le couple se place devant la maire tandis que la musique s'estompe.

LA MAIRE. – Bonjour à toutes et à tous… Et bienvenue dans notre maison commune où nous allons consacrer l'union civile d'Audrey Millard et Lucas Mâchepont. Bienvenue aux témoins et aux parents. Audrey, nous la connaissons tous, puisque c'est la charmante caissière de notre supérette ; quant à Lucas, il est contrôleur qualité chez Glumatex, qui fabrique des joints préboudinés au caoutchouc butyle. C'est bien ça ? *(Lucas acquiesce.)* Un beau métier. Et un très joli couple. Audrey et Lucas, pour vous, c'est un moment inoubliable qui installe votre projet de vie dans un engagement, dans un avenir, dans une famille… Mais avant de rappeler les articles qui portent sur les droits et les devoirs des époux et de vous demander vos consentements mutuels, je dois vous faire part de la nouvelle directive gouvernementale dite Prévention divorce. *(Amusée.)* Je n'y suis pour rien. Comme vous le savez, un couple sur deux divorce… et c'est vrai que la moitié de ceux que j'ai vus passer là, ici, à votre place, ont dépensé beaucoup d'argent et fait la fête… pour rien. C'est comme ça, c'est notre époque. Ensuite, il y a les frais de procédure pour les divorcés, et c'est aussi une charge considérable pour l'État, d'où l'utilité de faire une étude préventive. Et puis on ne sait jamais : une vie de couple, c'est aussi une épreuve sur le long terme, avec son lot de pressions psychologiques, de violences, d'adultères, d'abus sexuels, de féminicides…

Lucas, *riant.* – C'est pas rassurant.

La maire. – Le législateur propose d'anticiper votre divorce… *(Se corrigeant, amusée.)* votre *éventuel* divorce – je ne vous le souhaite pas ! – avec un audit conjugal établi par l'intelligence artificielle.

Lucas, *riant.* – Quoi ?

La maire. – À partir de centaines de bases de données publiques et privées.

Lucas. – Ah bon ?

La maire. – Le résultat, je l'ai dans cette enveloppe.

Elle montre une enveloppe.

Audrey. – Vous allez nous dire si on va divorcer ?

La maire. – Seulement si vous le souhaitez.

Lucas, *prenant le public à témoin.* – Ah ! c'est la meilleure !

La maire. – Moi, je ne fais qu'appliquer la directive. Cela dit, si j'avais su, je n'aurais pas épousé mon mari… *(Riant.)* Je plaisante. Mais je peux vous la donner après… Cela dit, après, c'est trop tard. Alors ?

Lucas, *souriant.* – Ben non, je ne sais pas, c'est un peu…

Audrey. – Faut payer ?

LA MAIRE. – Non, c'est offert par l'État… *(Avec humour.)* C'est dans la corbeille de mariage.

LUCAS, *souriant.* – On peut pas avoir un SUV à la place ?

Il regarde le public, fier de son trait d'esprit.

AUDREY, *amusée.* – Chéri, arrête !

LA MAIRE. – On fait quoi ?

LUCAS, *souriant.* – Ben, c'est pas trop le moment. *(Il regarde Audrey qui ne sait quoi penser.)* Bon, ça nous intéresse pas. Hein, Audrey ?

La maire range l'enveloppe.

LA MAIRE. – Très bien. *(Solennelle.)* Je vais maintenant procéder à la lecture des articles du Code civil. Article 212 : les époux se doivent mutuellement respect, fidélité, secours, assistance…

AUDREY, *discrètement, à Lucas.* – Mais quand même, c'est gratuit.

LUCAS. – Chut !

LA MAIRE. – Article 213 : les époux assurent ensemble la direction morale et matérielle de la famille. Ils pourvoient à l'éducation des enfants et préparent leur avenir.

AUDREY, *discrètement, à Lucas.* – Ben, si on divorce, après…

LA MAIRE. – Article 214 : si les conventions matrimoniales ne règlent pas la contribution des époux aux charges du mariage, ils y contribuent à proportion de leurs facultés respectives.

AUDREY, *à Lucas.* – On fera comment rapport au crédit pour la maison ?

LA MAIRE. – Article 215 : les époux s'obligent mutuellement à une communauté de vie…

AUDREY, *à Lucas.* – C'est qui qui ira habiter ailleurs ?

LUCAS, *bienveillant.* – Mais on se marie, là, ma chérie. On ne va pas divorcer. Écoute, il y a les invités qui attendent la jarretière et tout ça. Tu veux m'épouser, oui ou non ?

AUDREY. – Oui !

LA MAIRE, *amusée.* – Normalement, c'est moi qui pose la question.

AUDREY. – Ça empêche pas de savoir quand même.

LUCAS. – Mais c'est commencé. Là, c'est les consentements.

LA MAIRE. – J'ai encore l'article 371-1. Enfin, si ça vous intéresse.

AUDREY. – Pourquoi tu veux pas savoir ?

LUCAS. – Mais c'est pas ça mais… Pff ! Bon, bon. Si tu veux. *(À la maire.)* D'accord. Dites-nous.

Audrey hoche la tête.

LA MAIRE, *ravie.* – Ah ! *(Elle sort le dossier de son enveloppe et le lit.)* Alors, alors… Ah… Ah ! tiens… Hm !

AUDREY. – Qu'est-ce qu'il y a d'écrit ?

LA MAIRE, *lisant.* – « Il y a entre les deux sujets une corrélation positive dans le domaine des goûts : culinaires à 92 %, culturels à 79 %, décoration, voyages et vidéos de chats au-dessus de 70 %… Une bonne synergie pour créer une relation conjugale harmonieuse. »

Lucas prend sa femme par l'épaule.

LUCAS. – Eh ben, voilà.

LA MAIRE. – « L'esprit rationnel de l'une complète harmonieusement la désinvolture et le sens de l'humour de l'autre. »

Lucas, *s'amuse à frimer.* – Oui, j'ai beaucoup d'humour.

La maire. – « Ces données devront être confrontées à l'usage du temps qui peut les altérer, les variables s'appliquent après les douze mois que dure l'amour-passion, mais les pronostics sur cette seconde période restent positifs à 92 %. »

Lucas. – On est bons, on est bons !

La maire. – « Le couple est fertile et en bonne santé, compte tenu des statistiques de l'Ined, il faut s'attendre à une moyenne de sept mois pour que l'épouse connaisse une grossesse. »

Audrey. – Oh ! c'est bientôt !

La maire. – Toutes mes félicitations !

Lucas. – On peut continuer, alors ? J'ai hâte d'embrasser la mariée !

La maire. – « Pour la mère, l'arrivée du bébé est un révélateur… *(Elle tourne la page. Audrey, enchantée, serre son mari contre elle.)* d'angoisses et de névroses accentuées par le manque de sommeil. Elle connaît des dérives paranoïaques et ressent une manipulation de la part de son mari qui, de son côté, vit mal cette irritabilité. Le sentiment de mise à l'écart de son enfant le fait céder à une appétence génétique pour l'alcool. Les conflits générés par l'éducation de l'enfant conduisent à des disputes et une dépression chez la mère, qui est mise en arrêt de travail. L'utilisation de calmants tels que lithium provoque chez elle une prise de poids allant de 10 à 30 kg ; s'y ajoute une apparition probable d'herpès qui contribue à affecter la libido du mari. C'est à ce moment-là qu'il décide d'assumer sa transidentité. »

Lucas. – Ma quoi ?!

La maire. – « L'épouse, en perte de repères, est endoctrinée par une secte pour développer son bien-être grâce aux ondes quantiques de son utérus. Son coaching personnalisé siphonne les économies du couple, et le mari doit renoncer à sa transition. Les crises de nerfs sont quotidiennes et, comme une femme sur six, l'épouse est victime de violences conjugales. Les cadeaux de la liste de mariage sont intégralement détruits. Tandis que l'épouse est diagnostiquée diabète de type 1, le mari déserte le foyer et ses responsabilités de père. Il jouit de sa pansexualité avec de nombreux partenaires. Sa vie nocturne dans les cabarets queers, la drogue et le chemsex affectent ses activités ; il est licencié pour priapisme et harcèlement sexuel sur son lieu de travail. L'enfant, psychologiquement perturbé, devient dyslexique et il est placé en famille d'accueil. Le divorce devient la seule issue. Durée prévue : quatre à six ans maximum. Chance de survie du couple : moins de 0,7 %. » *(Relevant la tête.)* Voilà, voilà.

LUCAS, *soufflé.* – C'est tout ?

LA MAIRE. – Euh… oui.

AUDREY. – Tout ça après qu'on a un enfant ?

LA MAIRE. – Un couple sur quatre se sépare dans les mois qui suivent l'accouchement.

AUDREY. – Ah bon ?

LUCAS. – Non, mais c'est n'importe quoi.

LA MAIRE. – L'algorithme est fiable à 98,3 %. Je suis désolée.

AUDREY, *un peu perdue, à Lucas.* – Pourquoi tu me l'as pas dit avant que tu es un trans ?

LUCAS. – Mais je ne suis pas un trans ! J'aime le rugby !

AUDREY. – Le rugby comment ? Avec une équipe de drag-queens ?

LUCAS, *amusé.* – Mais non !

AUDREY. – En tout cas, c'est vrai que tu bois !

Lucas. – Je bois, je bois… Comme tout le monde.

Audrey. – Les violences conjugales, en plus, si ça se trouve, tu vas me faire un féminicide.

Lucas, *rassurant.* – Mais non, mais enfin, chérie… Je t'adore.

Audrey. – Oui, je sais, c'est mon côté paranoïaque.

Lucas. – Écoute, tout ça, c'est n'importe quoi ! L'intelligence artificielle, là, elle a fumé un pétard.

Audrey. – Et tu t'y connais en drogues…

Lucas. – Ils savent quoi sur nous ? Rien ! *(La maire pense le contraire mais n'insiste pas.)* Ça se peut pas ! C'est des conneries. *(À la maire.)* Excusez-moi, hein.

La maire. – Je vous laisse juge. Est-ce qu'on poursuit ? Qu'est-ce qu'on fait ?

Audrey, *affectée.* – Ça y est, je la sens qui vient, la dépression. Et je vais devenir obèse, avec les médicaments.

Lucas, *tendre.* – Audrey, mais non, mais tout va bien. Je veux t'épouser et je veux vivre avec toi, je vais t'aimer, je te jure…

Audrey. – Et avoir un enfant ? Si c'est pour le mettre en famille d'accueil…

Lucas, *tendre.* – Arrête, ma chérie, on oublie ça et on se marie, on va être heureux et on leur dit merde, hein, mon amour ?

Audrey. – Manipulateur !

Lucas, *à la maire.* – On peut remettre la musique, là, on recommence.

Audrey. – Non.

LA MAIRE. – Il va falloir vous décider, moi j'ai deux mariages après vous.

AUDREY, *en larmes.* – Je me marie pas, j'en veux pas de cette vie-là ! Je ne veux pas des ondes quantiques dans mon utérus !

LUCAS, *perdant patience.* – Audrey. Ça va, c'est bon.

LA MAIRE, *à l'assemblée.* – Eh bien, mesdames, messieurs…

AUDREY. – Quand je pense que je vais avoir un diabète et que toi tu préfères aller en boîte de nuit pour coucher avec n'importe qui !

LUCAS, *commençant à s'énerver.* – Écoute, Audrey, arrête ça maintenant ! On a un déjeuner pour 70 personnes ! Le traiteur qu'est payé d'avance… Et la pièce montée ! Et le château à la con et le voyage aux Canaries ! *(Il sort un papier de sa poche.)* Et mes vœux ! Le temps que j'ai passé à écrire cette guimauve !

AUDREY. – Ça fait plaisir, merci !

LA MAIRE. – Donc…

LUCAS, *énervé.* – Et les invités qui sont venus, tu leur dis quoi ? Tu leur dis de rentrer chez eux ? Hervé et Marie-Paule, ils ont fait 500 bornes !

AUDREY. – Je leur rembourserai l'essence !

LUCAS. – C'est ça, avare comme t'es, tu vas leur payer l'essence !

AUDREY. – Je ne suis pas avare ! *(Montrant le dossier de la maire.)* J'ai l'esprit rationnel ! C'est marqué !

LUCAS. – Et recompter les tickets de carte bleue en fin de mois, qui fait ça ? Mais qui fait ça ?!

AUDREY. – Tu vois, déjà tu me supportes pas, alors qu'est-ce que ça va être !

LUCAS, *s'emportant.* – Oh si, je te supporte! Alors là! Je te supporte! Tous les jours je prends sur moi! Tous les jours! Tes journaux people, ton parfum qui pue, tes 2 000 produits de beauté… Là, par contre, t'es plus radine!

AUDREY. – C'est pour toi, pour être belle!

LUCAS. – Ce masque vert que tu fous toute la nuit! Je dors avec la créature de Roswell! Pour baiser, bonjour! De toute façon, avec toi, faut prendre rendez-vous!

AUDREY. – Et moi, tu veux que je te dise tout ce qui va pas chez toi? Je te fais la liste?

LA MAIRE. – S'il vous plaît. J'ai des mariés qui attendent, là…

LUCAS, *à Audrey.* – Bon, OK, c'est ça, t'as raison! Fous tout en l'air!

AUDREY. – De toute façon, j'allais pas m'appeler Mme Mâchepont.

LUCAS. – Ah! il te plaît pas, mon nom?

AUDREY. – Non, il me plaît pas!

LA MAIRE. – S'il vous plaît, nous allons…

LUCAS, *montre un membre de l'assistance.* – Fumerol, ça c'était mieux comme nom? Comme lui! Tu t'en es pas remise qu'il épouse ta sœur!

AUDREY. – Et toi, tu crois que je sais pas que tu as baisé avec Daniela quand j'étais en stage? *(Elle montre une spectatrice.)*

LUCAS. – Mais… Mais… Mais non, d'où tu sors ça? C'est pas vrai! *(À un couple dans la salle.)* Robert, l'écoute pas, elle est névrosée.

AUDREY. – Ah! ça y est, alors c'est vrai maintenant que je suis névrosée?

LUCAS, *très énervé.* – Névrosée, je sais pas, mais chiante, oui! Là tu me fais chier, Audrey!

AUDREY. – Vas-y, frappe-moi devant tout le monde ! Vas-y si t'es une femme !

LUCAS. – Putain ! Ça commence à me gonfler, ça !

AUDREY. – Moi je veux pas d'un mari qui se la fait couper ! Je suis pas lesbienne !

LUCAS. – Tu vas faire quoi ? Tu retournes chez tes parents ? Ils vont être contents !

AUDREY. – Je t'ai toujours défendu devant eux ! Mais là, maintenant que je sais tout…

LUCAS. – Défendu ? Défendu de quoi ? *(Il prend à partie un couple dans la salle.)* Qu'est-ce que j'ai qui va pas ? Je suis pas assez bien pour elle ? Vous l'avez regardée, cette casse-couilles ? Ah ! bravo ! De toute façon, c'est de famille ! Ce que je me suis fait chier chez vous ! Mais alors !

AUDREY. – Et ton père qui a voulu me peloter, on en parle ?

LUCAS. – Papa ?

AUDREY. – C'est fini, Lucas, je ne veux plus de toi.

Elle part.

LUCAS. – C'est moi qui ne veux plus de toi ! Tiens, tes vœux ! *(Il les déchire.)* De toute façon, j'avais demandé à ChatGPT ! *(À la maire.)* Ah ! merci, parce que là, la galère que j'ai évitée ! Allez, salut tout le monde ! Merci d'être venus !

Il sort à son tour. La maire regarde l'enveloppe et leur court après.

LA MAIRE. – Attendez, c'est bête ! Je me suis trompée d'enveloppe ! C'était pas vous !

NOIR

L'un sans l'autre

ODILE, WILLIAM

Odile est installée dans son fauteuil, elle boit un verre de vin blanc en lisant un livre. William arrive de l'extérieur et la cherche partout.

WILLIAM. – Odile ? Tu es là ?... *(Il passe devant elle sans la voir.)* Odile ? Ouh ! ouh !

Intriguée, Odile se lève, le suit et se cherche avec lui.

ODILE, *regardant autour d'elle*. – Ouh ! ouh !

WILLIAM. – Tiens... Pas là.

ODILE. – Non...

WILLIAM. – Bon.

ODILE. – Tu as regardé si j'étais dans la chambre ?

William va dans la chambre et revient en faisant signe que non.

WILLIAM, *regardant sa montre*. – Tu es toujours là, à cette heure-ci. Quand tu rentres de ton travail, tu te sers un verre de Tariquet comme celui-là, et tu te mets dans ton fauteuil, là, pour lire ton livre. *(Il montre le fauteuil vide.)*

ODILE. – Oui. *(Elle s'assied dans le fauteuil, prend son verre et son livre.)* C'est vrai.

WILLIAM. – Où tu peux être ?

ODILE. – Je vais arriver. On n'a qu'à m'attendre.

Elle lit. Il tourne en rond.

WILLIAM. – C'est long.

ODILE. – Écoute, William, ça va. Laisse-moi le temps. Tu n'as qu'à regarder un porno, si tu veux.

WILLIAM. – Regarder un porno ?

ODILE. – Je ne sais pas ce que tu fais quand je ne suis pas là.

WILLIAM. – Je ne regarde pas de pornos !… Je regarde la chaîne parlementaire.

ODILE. – C'est dégueulasse !

WILLIAM. – Toi, tu fais quoi quand je ne suis pas là ?

ODILE. – Tu me le demanderas quand je serai là. *(Elle tourne la tête vers l'entrée.)* Ah…

WILLIAM. – Quoi ?

ODILE. – Attends, je vais voir si c'est moi. *(Elle pose son livre et va dans l'entrée.)*

WILLIAM. – Alors ?

ODILE. – Non, ce n'était pas moi. Pff ! Mais qu'est-ce que je fais ?

WILLIAM. – C'est pas normal.

ODILE. – Tu n'as qu'à m'appeler, tu verras bien.

WILLIAM, *appelant autour de lui.* – Odile !

ODILE. – Au téléphone !

WILLIAM. – Ah… Oui… *(Il sort son téléphone et appelle sa femme.)* Ça sonne… *(Le téléphone d'Odile sonne, elle le sort. Il est agacé par le téléphone d'Odile.)* C'est pas le moment ! Je t'appelle !

ODILE. – Attends, je coupe. *(Elle coupe son téléphone.)*

WILLIAM. – C'est ton répondeur.

ODILE, *écoutant avec lui.* – Il faut que je le refasse, ce message.

WILLIAM. – Chut ! Je te parle ! *(Au téléphone.)* Oui, euh… c'est William. Je voulais juste savoir où tu étais, voilà… *(Il raccroche.)*

ODILE. – C'est tout ?

WILLIAM. – Quoi ?

ODILE. – C'est un peu genre « au pied, Mirza », là, quand même. Même pas un petit mot gentil ? Un petit je t'aime. Je serais moi…

WILLIAM, *au téléphone éteint.* – Je t'aime.

ODILE. – Trop tard.

WILLIAM, *au téléphone.* – Trop tard. *(Odile retourne s'asseoir.)* Bon… *(Regarde son téléphone.)* Je te rappelle…

ODILE. – Pour dire quoi ? « Excuse-moi d'être possessif ? »

WILLIAM. – Ce n'est pas de la possessivité ! Je m'inquiète, c'est tout.

ODILE. – Il n'y a pas de raison !

WILLIAM. – Je n'en sais rien, moi ! *(Il s'assied sur les genoux d'Odile.)* Mais où tu peux être ?

ODILE. – Je me promène. Je prends l'air.

WILLIAM. – Et tu ne me réponds pas ?

ODILE. – Je suis peut-être avec quelqu'un.

WILLIAM. – Avec quelqu'un ?!

ODILE, *levant les yeux au ciel*. – Ah ! ça y est ! Tu vois, la possessivité !

WILLIAM. – Excuse-moi, mais j'ai le droit de savoir avec qui tu es !

ODILE. – Oh là là ! Tu es lourd ! Si ça se trouve, celui avec qui je suis, c'est toi.

WILLIAM. – Moi ? Tu ne me ferais pas ça ?

ODILE. – Pourquoi pas ? Je passe de bons moments avec toi.

WILLIAM. – Je ne veux pas le savoir.

ODILE. – Et puis tu m'aimes, tu viens de le dire.

WILLIAM. – Non, non, arrête. *(Il se lève.)* Si je me mets la main dessus, ça va chier !

ODILE. – Roh là là ! Calme-toi, William ! De toute façon, on n'est pas ensemble ailleurs puisque tu es là.

WILLIAM. – Très juste. Je suis là… et pas toi. Mais pourquoi ?! Pourquoi ?

ODILE. – Oh ! ça va ! Toi aussi, ça t'arrive ! Quand je suis rentrée, tout à l'heure, tu n'étais pas là, toi non plus !

WILLIAM. – Alors là, ça m'étonnerait !

ODILE. – Je t'ai cherché partout, je suis allée voir dans la chambre, et il n'y avait personne !

WILLIAM. – Oui, je sais, j'ai regardé. *(Réfléchissant.)* Attends… Si tu es rentrée tout à l'heure… et que tu n'es plus là maintenant…

ODILE. – Oui ?

WILLIAM. – C'est que tu es passée par la fenêtre!

Il fonce regarder par la fenêtre.

ODILE. – Alors?

WILLIAM. – Tout va bien. Il y a quelqu'un qui s'est suicidé, mais c'est pas toi.

ODILE, *soulagée.* – Ah bon...

Il revient vers elle.

WILLIAM. – Tu ne t'es pas évaporée!

ODILE. – J'ai dû repartir, c'est tout. Comme j'ai vu que tu n'étais pas là...

WILLIAM. – Me culpabilise pas, en plus!

ODILE. – Pourquoi tu n'étais pas là, d'ailleurs? Tu étais avec qui?

WILLIAM. – J'ai fait un détour...

ODILE. – Chez Véronika?

WILLIAM. – Qui c'est, Véronika?

ODILE. – Je ne sais pas, mais je t'interdis de la voir!

WILLIAM. – Alors là, si c'est pas de la possessivité!

ODILE. – C'est pas pareil.

WILLIAM. – Si tu veux savoir, je suis allé chercher ça! *(Il sort une photo encadrée de son sac: c'est un portrait de lui.)* C'est une photo de moi, pour toi, quand je ne suis pas là.

ODILE. – Oh! c'est trop mignon! Je vais être contente!

WILLIAM. – Ça va te plaire? J'ai hésité avec un sex-toy.

ODILE. – Non, non, c'est adorable ! Et tellement pas narcissique… Ah ! je serais là, je te serrerais contre moi, comme ça ! *(Elle le serre contre lui. Il est ému et se détache d'elle, les larmes aux yeux.)* Qu'est-ce qu'il y a ?

WILLIAM. – Tu me manques.

ODILE. – Oh là là ! Mon Doudou…

WILLIAM. – Je suis sûr que tu m'as quitté !

ODILE. – Mais non, mais non. Si ça se trouve, c'est juste que… comme t'étais pas là, je me suis inquiétée… et… je suis allée à l'hôpital !

WILLIAM, *paniqué*. – À l'hôpital ?! Qu'est-ce qu'il t'est arrivé ?

ODILE. – Mais non ! Moi, rien ; j'y suis allée pour toi ! Pour voir s'il t'était arrivé quelque chose.

WILLIAM. – Mais il ne m'est rien arrivé puisque je suis là !

ODILE. – Je n'en sais rien, puisque je ne suis pas là !

Elle va vers l'entrée.

WILLIAM. – Où tu vas ?

ODILE. – Je vais voir là-bas si j'y suis.

WILLIAM. – Je viens avec toi.

Ils sortent.

NOIR

UNE BRÈVE HISTOIRE DU COUPLE

CONFÉRENCIER (OU CONFÉRENCIÈRE), MAGALI, RÉGIS

Nous sommes dans le futur. Un conférencier ou une conférencière, devant un pupitre ou équipé(e) d'une tablette numérique, s'adresse au public (avec ou sans micro).

VOIX OFF. – Notre évolution et des siècles de civilisation nous ont menés à cet idéal de bonheur social que nous avons en partage : le célibat universel. Les grossesses externalisées en bio-nurseries et les techno-internats nous ont libérés des contraintes. Mais avant cela, à quoi ressemblait le couple ? Souvenons-nous. *(Magali et Régis entrent en scène. Leurs tenues vintage et populaires ne témoignent pas d'un excès de bon goût.)* Voici donc deux stéréotypes hétéronormés à l'intellect moyen, datés disons de la fin du XXᵉ. Essayons de ne pas trop en rire, car nous sommes issus quelque part de leurs gènes et de leurs comportements sociologiques. Le sujet mâle, qu'on appellera Régis, est à droite ; on le reconnaît facilement grâce cette gestuelle signifiante, cette arrogance sexiste dont la déconstruction prendra plusieurs décennies.

RÉGIS, *macho.* – Ouais… C'est ça, ouais.

VOIX OFF. – Intellect moyen, on l'a dit. Le stéréotype femelle, qu'on appellera Magali, se préoccupe de sa séduction et de ses appâts.

Magali apprécie son maquillage.

MAGALI. – Mor-tel!

VOIX OFF. – Arrive la première rencontre des deux sujets, le moment fondateur de la mémoire du couple. À la nuit tombée, les deux humains se rendent à la même source pour boire de l'alcool, ils se découvrent, s'évaluent… sans trop le montrer.

RÉGIS. – Hm…

MAGALI. – Hm…

VOIX OFF. – Commence alors la parade amoureuse. Le mâle dominant…

RÉGIS, *fier*. – Eh ouais…

VOIX OFF. – … tourne autour de la femelle en se mettant en valeur par son langage corporel…

RÉGIS. – Salut… Ouais… Hé! hé! hé!

VOIX OFF. – Mais elle fait mine de ne pas être intéressée.

MAGALI, *dédaigneuse*. – Pff!

VOIX OFF. – Le mâle rassemble alors sa testostérone et prend l'initiative.

RÉGIS. – Salut. C'est à toi toute cette beauté?

VOIX OFF. – Cette attitude de harcèlement, appelée aussi drague, était encore en usage à l'époque. Le sujet femme laisse entendre qu'elle ne sera pas facile à séduire.

MAGALI. – Pff!

RÉGIS. – Je t'offre un verre?

VOIX OFF. – Question stupide, car Magali possède déjà des verres chez elle. Mais il s'agit d'un code. Selon la réponse, Magali gagne un verre ou Régis repart avec un râteau.

MAGALI, *soupir de lassitude*. – D'accord.

VOIX OFF. – Nous voyons que la femelle humaine se montre bien disposée, elle lui donne accès à un premier échange de phrases stéréotypées…

RÉGIS. – Avec des yeux comme ça, tu dois faire du sport.

VOIX OFF. – Elle minaude, laisse échapper des rires moqueurs…

MAGALI. – Hihihi huhuhu…

VOIX OFF. – Puis elle lui fait comprendre qu'elle met la barre assez haut.

MAGALI, *un peu suffisante*. – Tu as lu… le dernier *Marie Claire*?

RÉGIS. – Non, mais j'ai une Audi turbo-Diesel.

VOIX OFF. – Vient le moment de la danse tribale. *(Musique de boîte de nuit « fin XXᵉ ». Régis et Magali se mettent face à face et dansent un peu bêtement.)* La danse tribale consiste à agiter les membres sur un rythme donné, ce qui permet d'apprécier les contours physiques de l'autre tout en lui faisant respirer ses phéromones… *(Régis danse en soulevant les bras. Magali prend un air pincé.)* Ce rituel permet aussi de transmettre des signaux de consentement qui les conduiront bientôt à un échange de salive avec 80 millions de bactéries. *(Régis et Magali sont un peu gênés de faire ça en public.)* Ensuite, ils procéderont à une excitation de leurs parties génitales, puis à une pénétration sexuelle qui mènera à une éjaculation. *(Les deux autres ne sont pas décidés à illustrer son propos.)* Passons à l'étape suivante. Après l'accouplement.

RÉGIS, *fumant une cigarette imaginaire*. – Alors? J'étais bien, hein?

Voix off. – À ce stade, le mâle humain connaît aussi peu la sexualité de la femme que la masse atomique du béryllium. Mais sa partenaire préférera le rassurer.

Magali. – Oh oui, alors là… Formidable!

Voix off. – S'ensuit une phase d'euphorie de l'ego et d'appropriation de l'autre appelée également « état amoureux ».

Magali et Régis se tiennent par la taille.

Régis, *à un rival imaginaire*. – Eh, connard! Propriété privée, danger de mort!

Magali, *à une rivale imaginaire*. – Comment tu mates mon mec, la pétasse? T'as vu ton cul?

Régis, *à Magali*. – Tu sais que je t'aime, toi?

Magali. – Ouais, je sais. Grand fou!

Voix off. – Puis ils subissent la pression sociale de leur troupeau et signent un acte de propriété réciproque devant un officier d'état civil. *(Grands sourires de Régis et Magali devant un photographe imaginaire.)* La femelle peut légalement développer un embryon dans son utérus.

Magali, *émerveillée*. – Chéri, tu ne devineras jamais!

Régis. – Tu as fini un sudoku?

Magali. – Non, j'attends un enfant.

Régis. – À quelle heure?

Magali. – Je veux dire : je suis enceinte.

Régis. – Oh! c'est magnifique!

Voix off. – Le couple s'emploie alors à trouver un nom au futur enfant, assez laid pour qu'il soit le seul à le porter.

Magali. – Si c'est un garçon, on l'appellera… *(Cherchant.)* Fulgence ?

Régis. – Et si c'est une fille, Logdolune ?

Magali. – Non… Zbignew !

Régis. – Influenza ?

Magali. – Voldemort ?

Régis. – Térébenthine ?

Voix off. – C'est le moment où le couple humain va chercher à nidifier. Comme le mâle gagne beaucoup plus que la femelle pour le même travail, et que celle-ci est occupée aux tâches ménagères, c'est lui qui prend les choses en main.

Régis. – Chérie, ça y est, j'ai trouvé un T3 pas cher !

Magali, *heureuse.* – Oh ! super !

Régis. – Au Havre.

Magali, *déconfite.* – Oh ! super…

Voix off. – Magali effectue une ponte de 3,4 kg, placenta non compris. Elle nourrit ensuite son rejeton à la mamelle pour le contaminer avec son microbiote. Le couple est en admiration devant cette larve fripée.

Magali. – Ooooh… Sigismond ! Il est tellement beau !

Régis. – Tellement !

Voix off. – Tellement pas. Le mâle et la femelle se relaient alors dans leur nid pour s'occuper de leur progéniture et connaissent une régression pathétique.

Magali, *bêtifiant.* – Il a fait popo !

RÉGIS, *bêtifiant*. – Oh! mais c'est bien, ça, le bébé qu'a fait popo!

MAGALI, *bêtifiant*. – Oh! le beau caca!

RÉGIS, *bêtifiant*. – Mais voui! Mais voui! Le beau caca, ça, madame!

MAGALI, *songeuse, à Régis*. – Quand même… Je me demande s'il n'est pas surdoué.

VOIX OFF. – Le mâle se dévoue à son couple, mais il est en conflit avec son instinct animal qui le pousse à ensemencer d'autres femelles.

Régis s'intéresse à une spectatrice en reprenant ses « codes gestuels ».

MAGALI. – Chéri, tu fais quoi, là?

RÉGIS, *pris en défaut*. – Rien, je…

MAGALI. – Tu ne veux pas nettoyer? Il a dégueulé sur l'ordinateur, il y en a partout!

RÉGIS, *s'excusant auprès de la spectatrice*. – Oui, oui, oui…

VOIX OFF. – Le couple étant fécond, la femelle aura deux autres portées, agrandissant sa meute appelée aussi famille; c'est-à-dire un regroupement de filiations génétiques non choisies et le plus souvent incompatibles. Le couple entame alors ce qu'il aura coutume d'appeler ses « plus belles années ».

MAGALI. – Non, Thimolard, arrête! Ça ne se mange pas, les limaces!

RÉGIS. – Cunégonde, sors ton frère de la poubelle!

MAGALI. – Faut aller chercher Sigismond au judo, il s'est cassé le bras! Moi, je peux pas, j'ai ma rééducation pour mes fuites urinaires.

RÉGIS. – Rah, c'est pas vrai! Le Kinder Bueno fondu dans l'allume-cigare!

MAGALI. – Non, Thimolard, tu rends ça à maman, c'est pas un jouet!… Oui, c'est un petit canard qui fait vroum, mais c'est pas un jouet!

RÉGIS. – On t'a demandé de raser le crâne de ta sœur?

MAGALI. – Thimolard, non, ça ne se fait pas! On n'envoie pas une photo de son zizi à la maîtresse!

RÉGIS. – Ah! ben oui, les pièges à souris ça coupe les doigts! C'est pas faute de t'avoir prévenu!

MAGALI. – Ah! mais non! Qui c'est qui a mis les poissons rouges dans le tiramisu?

VOIX OFF. – L'éducation des enfants se poursuit pendant quelques années, assortie de certaines traditions culturelles.

MAGALI ET RÉGIS, *frappent leurs enfants et parlent en même temps.* – Tiens, lah! Tu l'as bien cherchée! Chlaf! Tu l'as vue, celle-là?! Tu viendras pas te plaindre! Paf paf paf! File dans ta chambre! Comme ça tu t'en souviendras!

VOIX OFF. – C'est ainsi que les jeunes humains arrivent à la puberté avec tout ce qu'il faut pour créer un climat de conflit insupportable connu sous le nom de « crise d'adolescence ».

RÉGIS. – Non mais tu as vu ton orthographe, Sigismond?… Comment ça, mieux que moi?… T'as lu mes textos?! *(Gêné.)* Oui, oui, tu ne la connais pas, c'est une collègue… *(Regarde avec méfiance autour de lui.)* Bon, bon, bon, ça va pour cette fois…

MAGALI. – Excuse-moi, Thimolard, je veux bien beaucoup de choses, mais la mygale dans ta chambre, ça va pas être possible!

RÉGIS. – Cunégonde, c'est quoi cette convocation chez le proviseur?... Le petit Euzèbe?... Un abus sexuel? Mais il est trisomique!... Ah! c'est toi? *(Rassuré.)* Ah bon!

MAGALI. – Écoute, Greenpeace, comme tatouage, non, pourquoi pas, mais tu es sûr que *peace* ça s'écrit « P, I, deux S, E »?

RÉGIS. – Thimolard! C'est toi qui as sniffé la cocaïne de ton frère?

MAGALI. – Cunégonde, je ne veux pas m'en mêler mais c'est où que tu as trouvé ce poster d'Adolf Hitler?

RÉGIS. – Bon, OK, un road trip en Afghanistan, si tu veux, mais avec ma bagnole, non!

VOIX OFF. – Puis les jeunes adultes s'en vont, les parents connaissent alors le syndrome du nid vide et dépriment profondément.

Magali et Régis restent immobiles, puis font subitement la fête.

MAGALI ET RÉGIS. – *Yeah!* Ils sont barrés! Ces petits cons, putain! Pas trop tôt! Partis partis! Enfin libres!

VOIX OFF. – Mais ils auront de leurs nouvelles ou les verront, de temps en temps.

RÉGIS. – Chérie, tu te rends compte, Cunégonde qui se présente aux élections, notre Cunégonde! Qui aurait dit?

MAGALI, *soupir.* – Eh oui, en plus sur une liste d'extrême droite.

RÉGIS. – Au fait! Il y a Sigismond qui vient ce soir pour sa sortie de prison, on fait quoi à manger?

MAGALI. – Samedi on va voir Thimolard, c'est sa première chez Michou.

VOIX OFF. – Magali et Régis commencent à se dégrader, à s'enlaidir, ils deviennent indésirables, inutiles à la reproduction de l'espèce. Mis à l'écart du troupeau, ils se regroupent avec d'autres individus de leur âge avec qui ils font des danses de cow-boys.

MAGALI ET RÉGIS, *dansant.* – Ding dinguedingue-ding dingue-dingue-ding!

VOIX OFF. – Ils effectuent des transhumances aux Baléares ou aux Canaries.

RÉGIS. – On se fait chier!

MAGALI. – Mais qu'est-ce qu'on se fait chier!

VOIX OFF. – Ils finissent par faire des jeux de société le mardi soir à la salle communale.

RÉGIS. – Le 18, regarde! Tu l'as!

MAGALI. – Ah oui! Loto!

VOIX OFF. – Bientôt, les enfants les mettront en EHPAD pour mieux vendre leur maison.

Régis et Magali, assis sur deux chaises, saluent leurs enfants qui partent.

MAGALI. – Au revoir, les enfants!

RÉGIS. – Au revoir! Et merci pour les couches!

MAGALI. – À l'année prochaine!… Oh! ils sont mignons, hein!

RÉGIS, *sourd.* – De quoi?

MAGALI. – Je dis : ils sont mignons!

RÉGIS. – Ah oui, oui, oui, mignons, mignons… On peut être fiers, oui.

MAGALI. – Oh oui! On a eu une belle vie.

RÉGIS, *sourd.* – De quoi?

MAGALI. – Je dis : on a eu… *(Elle s'affale sur elle-même.)* Argh !

RÉGIS. – Ah ! ben merde ! Voilà qu'elle est morte ! Bon, ben je vais pisser, moi.

Régis se lève et part lentement à très petits pas.

VOIX OFF. – Et voilà ce qui fut pendant des siècles le schéma classique du couple. Des documents, des livres, des films d'époque témoignent de l'attachement que ces sociétés primitives avaient pour ce modèle, alors que beaucoup d'autres existent chez d'autres animaux. *(Régis est enfin sorti.)* Par exemple, chez les poissons ovipares, la femelle éjecte ses œufs dans l'eau, le mâle les féconde vite fait et tous deux fuient leurs responsabilités ; les enfants ne les ont pas sur le dos et tout le monde est content.

MAGALI, *se redressant.* – Je suis pas morte, c'est juste un AVC…

VOIX OFF. – Eh bien, sur ces paroles, je dois vous laisser, mon androïde m'attend à la maison et il n'aime pas quand je suis en retard. Bonsoir.

MAGALI, *agonisant.* – Gn gn gnnn !

NOIR

LE TÉMOIN

LA POLICIÈRE, BICHOU

La policière, occupée à son bureau, lève la tête et découvre Bichou qui entre timidement.

LA POLICIÈRE. – Entrez, entrez… Bonjour… Monsieur… ?

BICHOU. – Bichou.

LA POLICIÈRE, *tape sur son clavier avec un doigt :* « *Bichou* ». – Asseyez-vous, monsieur Bichou. Je vous écoute.

BICHOU. – Voilà… Je voulais déposer, en tant que témoin. Il fallait que je parle. Je ne pouvais pas garder ça pour moi.

LA POLICIÈRE. – Hm… Vous avez été témoin de quoi ?

BICHOU. – De mariage.

LA POLICIÈRE, *tapant sur son clavier.* – Ma-ria-ge.

BICHOU. – Un mariage qui dure depuis cinq ans.

LA POLICIÈRE. – C'est long pour un mariage… C'est même suspect.

BICHOU. – Oui. Voilà.

LA POLICIÈRE. – Les noms des suspects ?

BICHOU. – Pauline Swerliniziovanewsky…

LA POLICIÈRE, *tapant*. – Ki.

BICHOU. – Et Vincent Maillard… Il a gardé son nom de jeune fille.

LA POLICIÈRE, *tape le nom*. – Maillard, il est parent avec Colin Maillard ?

BICHOU. – Non.

LA POLICIÈRE, *tape « non »*. – Non. Vous dites que les faits remontent à cinq ans ?

BICHOU. – Oui. Au début, quand Pauline m'a annoncé qu'elle allait se marier, ça m'a un peu désappointé. Elle avait toujours été tellement indépendante… Nous avions ça en commun, d'ailleurs. Alors, célébrer, comme ça, le sacrifice de sa liberté… Moi, je trouve que ça a quelque chose de tragique… Mais elle avait l'air heureuse. J'aime bien quand elle est heureuse, j'aime beaucoup Pauline. Je la connais depuis toujours.

LA POLICIÈRE. – Revenons aux faits. Il s'est passé quoi, ensuite ?

BICHOU. – Après le mariage ? Il y a eu la nuit de noces. Je dois avouer que c'était très beau ; à la fois tendre et passionné.

LA POLICIÈRE. – Vous avez été témoin de la nuit de noces ?

BICHOU. – Oui. Aussi.

LA POLICIÈRE. – Vous avez participé aux agissements du couple ?

BICHOU. – Non, non. J'ai juste regardé.

LA POLICIÈRE, *tapant*. – Re-gar-dé. Ensuite ?

BICHOU. – Ensuite, il y a eu le voyage de noces. Le trajet en voiture un peu long, mais ils avaient loué une petite villa en Toscane… Très jolie, la Toscane.

LA POLICIÈRE. – Vous y étiez aussi ?

BICHOU. – Ben oui.

LA POLICIÈRE. – Vous prenez les choses très au sérieux ; en tant que témoin, je veux dire.

BICHOU. – Ah oui, il faut.

LA POLICIÈRE. – Et depuis le voyage de noces, vous… ?

BICHOU. – J'habite chez eux.

LA POLICIÈRE. – Ah. *(Elle tape.)* Chez eux. Mais ça ne les fatigue pas de vous avoir tout le temps, vos amis, là, quand même ?

BICHOU. – Non, vous savez, je me fais très discret. Vincent me boudait un peu, au début, et puis… il s'est habitué à ma présence. J'ai une présence très chaleureuse. Et puis, en étant là, ça m'a permis de les voir au quotidien. Vous savez, le quotidien, c'est souvent ce qui tue un couple.

LA POLICIÈRE. – Vous avez vu le meurtrier ?

BICHOU. – Non. Il les a épargnés.

LA POLICIÈRE. – Bon… *(Tapant.)* Gnés. Comme vous étiez sur place, j'imagine que vous avez pu assister aux premières disputes ? Quand est-ce que ça a commencé ?

BICHOU. – C'est un peu ça le problème : ils ne se disputent jamais.

LA POLICIÈRE. – Jamais ? C'est pas possible. Humainement.

BICHOU. – Oui, je sais.

LA POLICIÈRE. – Pas de cris ? Pas de vaisselle cassée ?

BICHOU. – Non. Rien.

La policière, *déçue et agacée.* – Roooh !

Bichou. – Ils se respectent, ils sont attentifs à l'autre… Ils se font des petits cadeaux, des câlins toute la journée.

La policière. – C'est ignoble !

Bichou. – C'est pareil qu'au début ; encore plus, j'ai l'impression. Je crois qu'ils s'aiment… sincèrement.

La policière. – Ils s'aiment ?! Mais ça ne se fait plus !

Bichou. – Vous savez ce que Jacques Lacan disait sur l'amour ?

La policière. – Non.

Bichou. – Moi non plus.

La policière, *tapant.* – Plus.

Bichou, *en larmes.* – Mais c'est terrible, vous savez… de voir ça, sans arrêt… depuis cinq ans !

La policière. – Un kleenex ?

Bichou. – Non, j'ai déjà mangé. Merci. *(Renifle.)* Tout ce bonheur, je n'en peux plus, moi…

La policière, *s'emportant.* – Mais oui ! Les gens *sont* malheureux ! C'est comme ça ! C'est ça qui est normal ! Les gens heureux, ils offensent les autres ! Ceux qui sont seuls ! Qui n'ont que leur corps, avec personne dans leur lit ! Mais ça, ils n'y pensent pas, à ça ! Les amoureux dans la rue ! À ce que ça nous fait, à nous, les célibataires ! C'est de l'exhibitionnisme ! Et les comédies sentimentales ? Ça nous fait rien, les comédies sentimentales ? C'est comme des millefeuilles derrière une vitrine, quand on est au régime ! Moi je vous le dis, monsieur Bichou : le bonheur des uns fait le malheur des autres !

Bichou. – Vous ne savez pas le pire… Ils essaient d'avoir un enfant.

La policière. – Avec le réchauffement climatique?! Mais c'est illégal!

Bichou. – Je ne le supporterai pas.

La policière. – Vous avez bien fait de venir témoigner, monsieur Bichou! Ils vont prendre cher! *(Elle tape.)* Cher. Je vais saisir le parquet! Et le plafond! Ils vont envoyer le RAID! Il va y avoir du sang! Je ne vous conseille pas d'être là.

Bichou. – Mais où je vais aller, moi?... Je pourrais venir chez vous?

La policière. – Chez moi?

Bichou. – Je pourrais témoigner de votre détresse, de votre solitude. Je ne vous embêterai pas. Il faudrait juste rapporter ma litière de chez eux.

La policière. – Comment ça, votre litière?

Bichou. – Ben oui, je suis leur chat.

NOIR

Rayon hommes

LA VENDEUSE, LA CLIENTE, LES ARTICLES

Des hommes immobiles se tiennent debout, de profil, en ligne. Une cliente entre et les observe, les uns après les autres. La vendeuse apparaît.

LA VENDEUSE. – Bonjour, madame. Je peux vous aider ?

LA CLIENTE. – Oui, je cherche un homme.

LA VENDEUSE. – C'est pour offrir ?

LA CLIENTE. – Non, c'est pour moi.

LA VENDEUSE, *la regardant attentivement.* – Ah… Alors, attendez… On vient de rentrer ce modèle. *(Elle tire vers elle un homme élégant.)* Voilà. Un homme du soir, de chez Pierre Henri. C'est la nouvelle collection automne-hiver… On est sur du Germanopratin taillé pour le Goncourt. Pour les dîners en ville, ça vous pose une femme. *(Elle prend la main de l'homme et montre ses ongles.)* Et regardez les finitions.

La cliente consulte le prix sur l'étiquette.

LA CLIENTE. – Ah oui, quand même ! Il n'est pas donné.

LA VENDEUSE. – Forcément, c'est du haut de gamme. Mais vous pouvez payer en trois fois.

LA CLIENTE, *hésitante.* – Hmmm… J'ai peur qu'il soit un peu étriqué.

LA VENDEUSE. – Oui, mais ça, il va se détendre.

LA CLIENTE. – Le côté tiré à quatre épingles… Non, non, c'est pas mon style d'homme.

La vendeuse replace le premier homme et tire vers elle un autre homme en bottes, pantalon de velours côtelé, chemise à carreaux.

LA VENDEUSE. – Alors sinon… *(Elle se dirige vers un autre homme.)* Il y a cet article-là. C'est un Bouses et Pâturages, pour les week-ends à la campagne. Fabriqué dans la Creuse, 100 % produit de la ferme, bio et sans pesticides. C'est du solide. *(Elle lui tape dessus.)* Il vous fera de l'usage, parce que bon, si c'est pour le jeter au bout d'un an…

LA CLIENTE. – Je vais avoir l'air un peu rustique avec ça.

LA VENDEUSE. – Oui, mais ça se fait beaucoup, le retour à la nature. J'ai pris le même pour moi. Je ne suis pas déçue. *(Elle lui tord les joues.)* Regardez-moi ça… C'est sain, ça ! Hein ? *(Elle lui malaxe la fesse.)* C'est vigoureux, hein, c'est vigoureux, ça !

LA CLIENTE, *toujours hésitante.* – Oui, je ne sais pas…

La vendeuse repousse son article sans ménagement

LA VENDEUSE. – Vous recherchez plutôt quoi ? Un homme d'affaires ? un homme à tout faire ? un homme d'appoint ? un homme facile ? un homme fantaisie ? J'ai du collègue de bureau, du supporter de foot un peu brut de décoffrage… Sinon je peux vous avoir un homme d'Église, mais c'est sur commande.

LA CLIENTE. – Je voyais plutôt un homme de ville, un peu passe-partout…

LA VENDEUSE. – Ah ! un homme pour tous les jours, quoi !

LA CLIENTE. – C'est ça, pour que je me sente bien avec, mais joli quand même.

LA VENDEUSE. – Je peux vous proposer ça… *(Elle sort un homme du rayon et découvre qu'il a un tee-shirt « Non au sexisme ».)* Ah… Désolée… Il a un défaut.

LA CLIENTE, *lisant.* – « Non au sexisme » ?

LA VENDEUSE. – Un masculiniste ; il y en a des fois dans les lots. Ça arrive. Je vais le renvoyer au fournisseur. *(Elle cherche vite un autre homme.)* Ah… Voilà, pour vous ! Très bien, ça ! Un homme d'intérieur… Socialement homogène, il ne froisse pas, *regular*, confortable, fabrication charentaise. Pour l'entretien, il faut juste le mettre en salle une fois par semaine…

LA CLIENTE. – Oui, je sais, j'en ai déjà eu un.

LA VENDEUSE. – Ah bon…

LA CLIENTE. – Je m'en suis lassée très vite. Je l'ai filé à une copine.

LA VENDEUSE. – Alors… *(Elle sort un autre homme de l'étalage.)* Celui-là…

LA CLIENTE, *grimaçant.* – Ah non ! Quelle horreur ! Excusez-moi mais…

LA VENDEUSE. – Oui, c'est vrai que…

LA CLIENTE. – Ah non ! Non. Vraiment pas.

LA VENDEUSE, *repoussant l'article.* – Vous avez raison… Personne n'en veut, de toute façon, je vais le mettre sur Vinted.

LA CLIENTE. – Et ça, c'est quoi ?

La vendeuse sort un jeune de la rangée, en survêtement et sneakers plutôt chics.

LA VENDEUSE. – Ah! ça, oui, c'est une fin de série, c'est Sportswear! Il est livré avec un vocabulaire de 300 mots, il a le Bluetooth, évidemment, pour les réseaux sociaux. Alors, on ne va pas se mentir, l'intellect est très ajusté, mais vous avez un bon rapport qualité-prix. En option, si vous voulez, il peut tourner par terre sur la tête.

LA CLIENTE. – Ça sert à quoi?

LA VENDEUSE. – Je ne sais pas…

LA CLIENTE. – Ça se salit?

LA VENDEUSE. – Un peu, mais ça se lave en machine à 40 degrés.

LA CLIENTE, *intéressée.* – Ça ne va pas faire… trop jeune pour moi?

LA VENDEUSE. – Non, non. Le style cougar, c'est très tendance. Et ça vous met bien en valeur.

LA CLIENTE, *regardant l'étiquette.* – Hm… C'est du 1,70 m. Vous ne l'avez pas en 1,60 m?

LA VENDEUSE. – Il taille petit.

LA CLIENTE. – Je peux l'essayer?

LA VENDEUSE. – Oui, bien sûr. Vous avez une cabine ici.

La cliente disparaît en emportant le jeune homme, qui a un regard un peu mélancolique. On l'entend faire son essayage dans la cabine.

LA CLIENTE, *off.* – Han! Han! Rhmmmm! Haaaa! *(Pendant ce temps, la vendeuse réinstalle son présentoir d'hommes. Très rapidement, la cliente revient, un peu décoiffée, en tenant le garçon par le bras.)* Je crois que je vais le prendre.

LA VENDEUSE. – Ah!

LA CLIENTE. – Vous avez un miroir?

La vendeuse montre un miroir (qui peut être imaginaire entre eux et le public). La cliente se mire en tenant son article par le bras.

LA VENDEUSE. – Et il va très bien avec vos cheveux.

LA CLIENTE. – Il ne me grossit pas ?

LA VENDEUSE. – Ah non, non, pas du tout !

LA CLIENTE. – Vous ne l'avez pas en noir ? Ça affine, le noir.

LA VENDEUSE. – Ah non ! Ils sont tous partis. En fait, c'est le dernier, on a été dévalisés. Si vous le voulez…

LA CLIENTE, *mitigée.* – C'est la barbe, j'aime pas trop.

LA VENDEUSE. – Ça se porte comme ça, madame, mais si vous voulez, on peut la raser. On a un service de retouches.

LA CLIENTE. – Non, je le ferai à la cire. *(Tête effrayée du garçon.)* Je me demandais… *(En confidence à la vendeuse.)* Si je me rends compte qu'il y a de l'usure… un peu trop rapidement… côté… Vous voyez ce que je veux dire ?

Le garçon n'est pas très rassuré.

LA VENDEUSE. – Vous avez une garantie de six mois sur présentation du ticket de caisse.

LA CLIENTE. – Ah oui, alors. Bon… Je le prends.

LA VENDEUSE. – Vous ne le regretterez pas.

LA CLIENTE. – J'imaginais pas que je trouverais comme ça, mais là… Ah non, il est bien.

La vendeuse est déjà sur sa caisse.

LA VENDEUSE. – En carte ?

LA CLIENTE. – Oui.

LA VENDEUSE. – Ah! si vous voulez, nous faisons 50 % sur le deuxième homme!

LA CLIENTE. – Non, non, pour l'instant ça ira.

LA VENDEUSE. – Bon, si vous changez d'avis, je vous mets une carte d'infidélité. Vous avez ce qu'il faut pour l'entretien? Shampoing? brosse à dents? pack de bière?

LA CLIENTE. – Oui, oui, ça ira.

LA VENDEUSE. – Il faut l'emballer?

LA CLIENTE. – Non, c'est pour tout de suite. J'ai trop envie de me montrer avec! Bon, eh bien, merci!

La cliente s'éloigne en entraînant le jeune homme avec elle. Il jette un dernier regard plaintif vers ses camarades.

LA VENDEUSE. – Allez! Bonne fin de journée.

LA CLIENTE. – Au revoir.

LA VENDEUSE. – Au revoir! *(Une fois la cliente partie avec son achat, la vendeuse va attraper l'hoministe par l'oreille et le sort de son étalage.)* Bon, toi... T'as un problème avec le matriarcat? C'est ça? C'est pas bien? Ça te plaît pas? Allez! Tu dégages!

Elle sort en emportant l'article défectueux.

NOIR

ENFIN LIBRE

MARIE-LOLA, SON MARI

MARIE-LOLA. – Je suis bien.

Je me sens bien.

J'en ai fini avec cette impression de ne plus m'appartenir, de ne plus pouvoir faire mes choix, de ne plus être moi.

Être en couple, c'est renoncer à la moitié de ses envies pour se soumettre aux envies de l'autre ; quand on n'est pas obligé de négocier, encore et toujours !

Pour avoir le droit à ses légumes bios, à une exposition Vermeer, à une petite paire de Louboutin trop craquante.

Et pas tellement chère, finalement.

Mais pourquoi s'infliger ça ?

Est-ce qu'il y aurait quelque part en nous cette nécessité purement judéo-chrétienne à s'imposer des frustrations ?

Mais moi, je suis encore jeune, moi !

Je suis fraîche de mes désirs, de ma peau et de mes cheveux.

(Elle balance ses cheveux comme dans une publicité pour un shampoing.)

Alors j'ai dit non, ça suffit.

Je lui ai dit ça va, c'est terminé les obéissances !

Terminé les « chérie ceci », « chérie cela ».

Terminé le *nous* qui empêche !

Bonjour le *moi* qui ouvre grand les rêves !

Je suis enfin de retour dans ma vie.

Et je me sens légère comme une aigrette qui vole au-dessus du champ des possibles !

(Elle bat des bras et montre comme elle vole bien.)

Je peux aller et venir, ou venir et aller, au gré de mes inspirations naturelles.

Tout est permis !

Et il m'est enfin permis de plaire !

(Elle dessine son corps avec ses mains.)

Ah ! c'est si bon de se sentir proposée et pas interdite !

C'est tellement valorisant !

(Voluptueuse.)

Maintenant, je me trouve désirable ! Alléchante !

Oui ! Je suis alléchante !

Parce que je suis une femme libre !

Libre de chanter… et de danser… et danser comme une folle !

> *Elle chante et danse en riant avant d'être brusquement interrompue.*

Son mari. – Chérie ? Qu'est-ce que tu fous ? Tu viens, oui ? Je t'attends, là !

Marie-Lola. – Oui, oui… J'arrive.

Marie-Lola sort piteusement et rejoint son mari.

Noir

Nous, ça va

Florian, Marion, Yannick, Adèle

Ils sont assis face au public, comme deux couples. Florian est à côté de Marion, et Yannick à côté d'Adèle. Ils sont là pour se confier aux spectateurs et sont un peu intimidés.

Marion. – Nous… ça va.

Yannick. – Nous aussi, ça va.

Adèle. – Hm, hm.

Florian. – C'est vrai, on ne peut pas dire. Ça va.

Un temps.

Marion. – On a… On a… On a réussi à trouver un équilibre.

Yannick. – Ouais, ouais, c'est ça, nous aussi, un équilibre.

Florian. – Oui, c'est important, ça, Marion, c'est vrai.

Adèle. – Hm, hm.

Florian. – Le fait d'instituer un rapport juste, entre…

Yannick. – Où t'as personne qui bouffe personne, quoi.

FLORIAN. – C'est ça. Une abnégation mais pas subie : consentie, partagée, bien vécue… Sans qu'on soit floué, ni d'un côté ni de l'autre.

MARION. – Oui, complètement. En fait, c'est le respect, quoi.

YANNICK. – Le respect, ouais, ouais. Nous on a ça, entre nous, le respect.

ADÈLE. – Hm, hm.

MARION. – Voilà.

Un temps.

FLORIAN. – Et pour bien s'entendre, il faut de l'écoute. *(Soulignant son jeu de mots à Marion.)* Pour bien s'entendre…

MARION. – Oui, j'avais compris.

ADÈLE, *essayant de placer un mot.* – Et d'ailleurs…

FLORIAN, *au public.* – Parce que sans l'écoute, on n'est que dans l'égocentré…

ADÈLE. – D'ailleurs…

FLORIAN. – Englué dans son soi-même.

ADÈLE. – Le…

FLORIAN. – On tourne en rond dans ses concepts…

ADÈLE. – Le…

FLORIAN. – On n'évolue pas, quoi. L'autre a toujours quelque chose d'autre à apporter, quelque chose de riche, qui emmène plus loin.

MARION. – Oui.

YANNICK. – Ouais, ouais, ouais…

ADÈLE. – Et ce que je voulais dire… *(Perdue.)* Je sais plus.

Un temps.

MARION. – Mais le truc super qu'on a, nous, quand même, c'est la complicité.

FLORIAN. – Mais oui! Bien sûr! Évidemment.

YANNICK. – Ah oui! Alors là, la complicité! Ça…

ADÈLE, *écoutée par personne.* – Et la propreté, aussi…

YANNICK. – Parce que t'as pas que l'amour! T'as l'amitié, aussi, dans l'amour. De l'amour où t'as pas de l'amitié dedans, c'est comme un pain au chocolat sans chocolat.

FLORIAN. – C'est beau, ça.

YANNICK. – Ouais, je sais.

ADÈLE. – C'est important, la propreté.

Un temps.

MARION. – Mais il n'y a pas d'amour sans humour non plus!

FLORIAN. – C'est clair!

YANNICK. – Ah! ben, ouais!

MARION. – Nous on rit! Ha! ha! ha! On rit! On rit beaucoup. Ah! mais qu'est-ce qu'on rit! Ha! ha! ha!

Elle cesse de rire en voyant que les autres ne rient pas.

FLORIAN. – « Une journée sans rire est une journée perdue. »

YANNICK. – Et le sexe? On en parle? Ben oui. Ça compte.

Adèle glousse, Yannick la regarde.

FLORIAN. – Oui, le sexe, c'est un fondamental dans l'harmonie du couple.

MARION, *à Florian*. – Ben oui.

YANNICK. – Si ça, ça marche pas… alors… prt!

MARION. – Mais nous, ça marche. De ce côté-là…

YANNICK. – Ah oui, nous aussi!

ADÈLE. – Personnellement, je jouis très bien et très facilement. La dernière fois, c'était hier en achetant des casseroles au BHV.

YANNICK. – Mais ça, on le sait dès le départ si ça va pas aller avec quelqu'un. Au lit, je veux dire.

FLORIAN. – Parfois les exaltations du lit se délitent avec le temps, mais pas nous, pas du tout.

YANNICK. – Ah! ben oui, non, de ce côté-là…

MARION, *à Florian*. – En fait, avec le temps, je dirais que le désir, ça devient autre chose.

FLORIAN. – Tout à fait.

YANNICK. – Ouais, ouais…

MARION. – D'encore plus beau.

YANNICK. – Ouais, ouais…

MARION. – Plus ça va, plus on aime le corps de l'autre. On se connaît de mieux en mieux, quoi…

ADÈLE, *singeant Yannick*. – Ouais, ouais.

Yannick lui lance un œil noir.

FLORIAN. – Oui, c'est ça, c'est… c'est un partage de l'intime. On s'apprend, dans un couple, on finit par mélanger des parts de soi-même, un peu… comme deux jeux de cartes qui en deviennent un seul.

MARION. – Mais pour qu'un couple dure, il faut aussi…

ADÈLE. – Il faut trouver un équilibre.

YANNICK. – Ça, on l'a dit au début, Adèle.

ADÈLE. – Ah bon?

MARION. – Non, il faut être d'accord sur le même projet de vie, quelque part.

ADÈLE. – Quelque part à la campagne! Nous on a une maison avec des fenêtres qui donnent dehors et, quand on les ouvre, le dehors rentre dedans avec des oiseaux qui chantent. Et c'est le bonheur.

FLORIAN. – Nous, on s'est mariés très vite. On voulait ça vraiment. Et puis on a trouvé un appartement ensemble, on a tout choisi ensemble, le mobilier, les assiettes, mais on aimerait bien avoir des enfants aussi. Un jour.

ADÈLE. – Nous, on a une ado, elle ne pose pas problème, pas de séances de caractère, tout ça, elle ne nous coûte rien, elle ne découche pas, on ne l'entend pas : elle est en plastique. Bon, évidemment, ce n'est pas écologique, mais on gagne en tranquillité. Et on la laisse pour les vacances.

FLORIAN. – Nous, nous faisons des voyages, mais alors époustouflants.

ADÈLE. – Ben oui, ben nous aussi! On rencontre des gens et des poissons.

YANNICK. – Moi j'aime bien ça, les voyages.

MARION. – L'avenir à deux, moi je vois ça super tranquille, super beau, on aura toujours des choses à se dire, à découvrir.

YANNICK. – Ouais, pareil. Non, franchement, on est bien, quoi.

FLORIAN. – Oui, c'est vrai, on est bien.

MARION. – Parfaitement bien.

ADÈLE. – Et on fait aussi un atelier de cuisine tous les jeudis.

FLORIAN. – On a eu de la chance déjà de se trouver…

MARION. – Oui.

FLORIAN. – De s'apprivoiser et de savoir vivre en couple. Que dire de plus ?

ADÈLE. – Vive l'amour !

FLORIAN. – Oui, vive l'amour !

YANNICK ET MARION. – Vive l'amour !

Ils se lèvent et quittent le plateau. Le couple Florian et Yannick d'un côté en se tenant par la main, et le couple Adèle et Marion de l'autre en se tenant par la taille.

NOIR

La vérité

COLAS, LODIE

(Ndla : en bonus, ce sketch de 1987 qui fut l'un de mes premiers et que j'ai joué de nombreuses fois avec Isabelle Hétier.)

Un jardin public. Bruits d'oiseaux, cris d'enfants, silences de vieux. Lodie est sur un banc, Colas déboule, se penche et observe attentivement sous sa jupe.

COLAS. – Pardon…

LODIE, *cachant ses jambes.* – Eh ! vous avez perdu quelque chose ?

COLAS. – Je suis désolé, je cherche la vérité.

LODIE. – Elle n'est pas là !

COLAS. – Vous êtes sûre ?

LODIE. – Je le saurais !

COLAS. – Écoutez, c'est pas croyable. J'étais là, je marchais en pensant à des broutilles, je me retourne pour voir si elle me suit toujours, et hop ! disparue… Pff ! *(Il s'assied à côté de Lodie.)* Qu'est-ce que je vais faire ?

LODIE. – Elle doit bien être quelque part, on va la retrouver. Elle était habillée comment ?

COLAS. – Euh…

LODIE. – Elle n'était quand même pas toute nue ?

COLAS. – Non ! Elle était habillée d'ambiguïté.

LODIE. – Ah ! ça ne simplifie pas les choses ! L'ambiguïté se porte beaucoup, en ce moment.

COLAS. – Vous voulez dire qu'elle se porte bien ! Tenez, moi-même, je suis ambigu.

LODIE. – C'est pas vrai ?!

COLAS. – Non, c'est pas vrai.

LODIE. – Alors pourquoi vous dites que vous êtes ambigu si ce n'est pas vrai ?

COLAS. – Parce que je ne sais plus où est la vérité, justement, alors je dis n'importe quoi.

LODIE. – Vous êtes un menteur !

COLAS. – Ah non ! Un menteur, c'est quelqu'un qui déguise la vérité. Donc pour la déguiser, il sait forcément où elle est. Moi je ne sais pas, je ne peux pas lui mettre des déguisements.

LODIE. – Ah oui. C'est vrai.

COLAS. – Comment vous savez que c'est vrai ? Vous savez où est la vérité, vous ?

LODIE. – Ben, je ne m'étais pas posé la question.

COLAS. – Alors, ça, c'est fantastique ! Vous me parlez, vous me regardez avec ces yeux-là, vous m'aimez, sans savoir où est la vérité ?

LODIE. – Je n'ai jamais dit que je vous aimais.

COLAS. – Bon, alors, puisque vous ne m'aimez pas, je ferais mieux d'aller chercher la vérité ailleurs.

Il s'en va dignement.

LODIE. – Attendez ! Je n'ai pas dit que je ne vous aimais pas !

COLAS, *revenant.* – Donc vous m'aimez ! Alors, marions-nous.

Il s'assied à côté d'elle, la saisit par la taille et prend une pose satisfaite.

LODIE, *se libérant.* – Il faudrait d'abord être sûrs que vous m'aimez, vous !

COLAS. – Pourquoi je ne vous aimerais pas ? J'aime tout.

LODIE. – Si je comprends bien, vous ne m'aimez pas plus que n'importe quoi.

COLAS, *se fâchant.* – Ne dites pas n'importe quoi !

LODIE, *se fâchant aussi.* – Pourquoi je ne dirais pas n'importe quoi ?!

COLAS. – Parce que vous n'êtes pas n'importe quoi ! Vous avez beaucoup plus de charme que n'importe quoi ! Vous êtes plus jolie qu'une truelle ! Vous êtes plus intelligente qu'un ramasse-miettes !

LODIE. – Pourquoi je vous croirais ? Vous ne pouvez même pas dire la vérité.

COLAS. – Oui. Pourtant, en vous regardant comme ça, j'ai l'impression…

LODIE. – Une impression, ça ne suffit pas.

COLAS. – Ça, c'est sûr.

LODIE. – C'est certain.

COLAS. – Vous avez trouvé une certitude ?

LODIE. – Oui… Je crois…

COLAS. – Ne la lâchez pas, la vérité ne doit pas être loin. Cherchez, cherchez…

LODIE. – Je cherche, je cherche…

COLAS. – Vous trouvez ?

LODIE. – Non, je ne trouve pas ! Ma certitude s'est transformée en bulle, et elle a éclaté.

COLAS. – On n'y arrivera jamais. Écoutez, je ne vois plus qu'une solution : je vais vous embrasser, si vous êtes d'accord. Comme ça… en s'embrassant… on verra bien si on s'aime. Peut-être qu'à ce moment-là, la vérité surgira.

LODIE. – Vous croyez que ça peut marcher ?

COLAS. – Je ne sais pas, c'est expérimental.

LODIE. – C'est peut-être dangereux ?

COLAS. – Parfois il faut savoir prendre des risques.

LODIE. – Bon, d'accord. Alors, je me mets comment ?

COLAS. – Ben, là, comme ça, ça va…

LODIE. – Je ferme les yeux ?

COLAS. – Oui. Enfin, non, si vous voulez voir la vérité en face.

LODIE. – Je suis prête.

COLAS. – Alors, on… on y va… *(Il l'embrasse du bout des lèvres. Un temps. Puis ils reviennent face public. Il est hagard.)* Qu'est-ce que ça vous a fait ?

LODIE, *éberluée*. – J'ai senti se répandre en moi un torrent de plaisir d'une violence inouïe.

Colas. – Ah oui ?

Lodie. – Et vous ?

Colas, *technique*. – Moi, j'ai été traversé par un courant d'extase à peine concevable.

Lodie. – C'est de l'amour, à votre avis ?

Colas. – Oui, je pense, en analysant bien, qu'il s'agit d'amour.

Lodie. – Je ne vous crois pas.

Colas. – Si, c'est vrai.

Lodie. – Alors, vous l'avez retrouvée !

Colas. – Quoi donc ?

Lodie. – La vérité !

Colas. – Ah oui ! Mais oui !… *(Ravi.)* Tout à fait ! Tout à fait !… Je suis très content. Merci beaucoup. Merci. Au revoir.

Il s'en va.

Lodie, *un peu déçue.* – Au revoir…

NOIR

L'auteur

Après les Arts Appliqués, il travaille comme décorateur et compose des chansons, puis il entre au cours Périmony. Une révélation ! Il en sort avec un premier prix en 1984, crée sa compagnie et joue au théâtre pendant dix ans. En 1988, il dirige le cabaret Le Beaubourgeois puis monte *L'Opéra de quat'fous*.

Il écrit ensuite pour le café-théâtre et commence à signer des fictions pour la télévision ; des sitcoms puis une dizaine de téléfilms, de nombreuses séries ainsi que des dessins animés. De 2012 à 2016, il a été l'un des auteurs de *Nos chers voisins*. Scénariste prolifique pendant plus de trente ans, il n'a jamais cessé d'écrire pour le théâtre. Depuis les années 2000, ses pièces s'orientent le plus souvent vers la comédie sociale : *La Théorie du moineau*, *Danger… public*, *Diète Party*, *La Mémoire d'un autre*, *Seuil de tolérance*, *Le Tiroir de Woody Allen*. En 2021, il a été lauréat du prix de la fondation Bajen pour *Un enfant dans le dos*.

À ce jour, il a écrit 23 pièces dont 5 pièces musicales jeune public.

Le Moral des ménages est son troisième recueil de sketches.

Cette pièce est également disponible au format « Livre de scène » : un grand format (A4) pratique, spécialement conçu pour le travail de répétition, avec des marges de prise de notes.

Retrouvez-le en exclusivité sur notre site :
https://shop.librairie-theatrale.com/products/le-moral-des-menages

Vous souhaitez jouer cette pièce ?

Avant d'en envisager la création et d'en commencer les répétitions, assurez-vous d'avoir correctement effectué toutes les démarches afin d'en obtenir les droits de représentation.

La Société des auteurs et compositeurs dramatiques (SACD) est l'organisme principal chargé de délivrer de telles autorisations. Cette pièce, parmi de nombreuses autres, fait probablement partie de leur répertoire.

Elle ne peut donc être jouée sans l'autorisation de cette société ou de son auteur.

SACD

11 bis, rue Ballu – 75442 Paris Cedex 09

Tél. : 01 40 23 44 55

ATTENTION

Aux termes du Code de la propriété intellectuelle, toute reproduction ou représentation, intégrale ou partielle de la présente publication, faite par quelque procédé que ce soit (reprographie, microfilmage, scannérisation, numérisation...) sans le consentement de l'éditeur est illicite (article L. 122-4 du Code de la propriété intellectuelle) et constitue une contrefaçon sanctionnée par les articles L. 335-2 et suivants du même Code.

Imprimé à la demande par Books on Demand GmbH, Bad Hersfeld, Allemagne

1re édition, dépôt légal : septembre 2024
N° d'édition : 202425 bis
ISBN : 978-2-37393-375-8